Arena Bibliothek des Wissens

Lebendige Geschichte

Maria Regina Kaiser, geboren 1952 in Trier, war nach der Promotion in Altertumswissenschaften in Frankfurt am Main zehn Jahre in der Forschung tätig. Seither ist sie freie Schriftstellerin; sie schreibt erfolgreich für Jugendliche und Erwachsene.

Klaus Puth, geboren 1952 in Frankfurt am Main, arbeitete nach seinem Studium an der Hochschule für Gestaltung in Offenbach zunächst in einem Verlag für Grußkarten. Seit 1989 ist er freiberuflich als Illustrator für verschiedene Verlage tätig und hat mehrere Preise erhalten.
www.klausputh.de

Maria Regina Kaiser

Ramses II. und die Tauben des Friedens

Arena

Hattuscha, 1259 v. Chr. ...
Der große Auftrag

Tief liegende Wolken hüllten die Oberstadt von Hattuscha ein. Der Wettergott warf den Regen mit Wucht auf das Tempeldach. Sorgenvoll sah ich die Steintreppe hoch, wo zwischen den Säulen der Priester erscheinen würde. Noch beriet er sich im oberen Stockwerk des Gebäudes mit dem Wettergott. Durch die geöffnete Tür drangen etwas Helligkeit und das Flackern der Pechfackeln in den Raum. Meine Schuhe waren vom Regenwasser durchweicht. Der Boden war feucht vom herabsickernden Regenwasser. Einen Augenblick lang spiegelte die glänzende Fläche mein Bild wider. Da stand ich, der bucklige rothaarige Schreiber*, dünn wie ein Jagdhund.

Teschub*, der Wettergott, geriet immer mehr in Zorn und schleu-

** Im hinteren Teil dieses Buches gibt es ein Glossar – dort sind die Erklärungen zu den Begriffen nachzulesen!*

derte Steinbrocken durch die Lüfte. Blitze zuckten über den Himmel und machten die Nacht taghell. Bei jedem Blitz warf ich mich nieder und schützte meinen Kopf mit den Armen.
„Großer Teschub, Herr über Berge und Wetter, tu mir nichts zuleide. Sag, was ich tun soll. Dein Diener Schubili wird deinen Wunsch getreulich erfüllen."
Der Regen rauschte stärker, doch das Donnergrollen zog sich allmählich zurück. Auch die Blitze wurden schwächer.
„Steh auf, Schubili, Schreiber des Wettergotts", befahl der Priester. Auf leisen Sohlen war er gekommen und stand nun in seinem langen regenbogenfarbenen Rock vor mir.
Langsam erhob ich mich, senkte den Kopf und wartete auf die Botschaft des Gottes, die er mir verkünden würde.
„Schubili, Rotfuchs, nur du kannst das Reich Hatti retten." Er richtete die Augen nach oben. „Du wirst ein Schiff besteigen und ins Land Ägypten reisen. Dort wirst du dem Pharao* begegnen und ihn um Brot, Schiffe und den Frieden bitten."
Ich stürzte zu Boden unter der Wucht dieser Worte. Nein, ich konnte es nicht. Ich, der bucklige Schreiber des Gottes, war am wenigstens geeignet, einen solchen Auftrag auszuführen.
Ich raufte mir das Haar. Unerbittlich sprach der Priester weiter.
„Der Pharao soll ägyptische Ärzte schicken und gute Medizin* ins Reich Hatti senden. Denk an die Seuche, unter der wir leiden."
Ich seufzte auf beim Gedanken an meine kranke Nachbarin und ihre kleine Tochter, die vor ein paar Tagen gestorben war.

Viele Menschen litten an der Krankheit, die die Götter geschickt hatten.
Es war plötzlich ganz still. Nur das Regenwasser rauschte durch die Rinne im Boden des Tempels.
„Wasch deine Hände und dein Gesicht. Pack deine besten Kleider in ein Bündel und sei morgen hier vor der Tür des Tempels.“ Die Worte des Priesters gestatteten keine Widerrede. „Du und Tili-Teschub, ihr sollt Geschenke nach Ägypten bringen und für den Frieden werben.“
„Für den Frieden werben? Wie stellst du dir das vor?“
„Besucht die Mächtigen am Hof, beschenkt sie und überzeugt sie. Dann ist auch der Pharao bald bereit.“
Mir schwindelte beim Gedanken daran, dass ich vor den Pharao von Ägypten treten sollte.
„Du sprichst fünf Sprachen. Du kannst Worte in Ton und Wachs drücken. Du wirst verstehen, was auf Ägyptisch gesprochen wird.“
Er ergriff meinen Arm und führte mich in einen Nebenraum. Über uns flatterten und gurrten zahllose Tauben.
„Sieben Tauben werdet ihr mitnehmen. Wenn es etwas zu berichten gibt, sen-

det ihr eine davon zurück nach Hattuscha“, sagte der Priester. Einer der Vögel ließ sich auf meiner Schulter nieder und blieb still dort sitzen. Auch das war ein Zeichen der Götter.

„Eines Tages wirst du zurückkehren mit den silbernen Tafeln, auf denen der Frieden beschlossen ist. Hier im Tempel wirst du sie niederlegen.“ Seine Stimme wurde beschwörend. „Schiffe mit Getreide werden euch folgen. Ärzte werden das Land Hatti betreten und die Kranken heilen.“

Er zog mich näher zu sich heran.

„Bist du bereit?“ Es war keine Frage, denn es gab nur eine Antwort.

„Der Diener des Wettergottes wird den Auftrag mit lachendem Gesicht erfüllen“, stammelte ich.

„Es wird gelingen, Schubili.“

„Ich bin doch nur ein buckliger Schreiber.“

Meine Einwände interessierten den Priester nicht im Mindesten.

„Denk immer daran: Was den Göttern und den Menschen erwünscht ist, unterscheidet sich nicht. Und genau so ist es mit dem Unerwünschten.“

Ich gab mir Mühe, seine Worte zu verstehen.

„Du musst die Reise ins Ägypterland antreten. Die Tauben, Diener und dein Verwandter Tili-Teschub begleiten dich.“

„Und was für ein Geschenk werde ich dem Pharao überreichen?“

„Eine Schafherde wird euch auf dem Landweg nach Ägypten folgen. Du und Tili-Teschub, ihr nehmt ein Schiff.“

„Wie furchtbar für mich und meinen Magen!" Ich rang die Hände und empfand großes Mitleid mit mir.

„Hab Mut. Erinnere dich an den Tag, an dem der Pharao vor dir im Staub lag."

Jetzt dämmerte mir, warum man mich ausgesucht hatte. Einmal in meinem Leben hatte ich mit dem Pharao gesprochen. Mit Ramses Usermaatre Setepenre.[1] Ich hatte ihn angefasst, das Abbild der Sonne, und ihm das Blut aus den Mundwinkeln gewischt.

Mehr als sechzehn Jahre waren seitdem vergangen. Doch ich erinnerte mich sofort wieder.

1 Usermaatre – *stark ist die Maat des Re*
Setepenre – *Auserwählter des Re*

Die Hethiter – das verschollene Volk

3.000 Jahre lang waren die Hethiter ein verschollenes Volk. Man wusste lange Zeit kaum mehr als den Namen, der im Alten Testament einige Male erwähnt wird. Nach 500-jähriger Herrschaft war die einstige Großmacht untergegangen, ihre Spuren verweht. Dieses Reich existierte auf dem Gebiet der heutigen Türkei. Sein Heer eroberte Babylon, das Zentrum der vorderasiatischen Kulturen, und schlug die Armee des Pharaos Ramses II. in die Flucht. Glücklicherweise wurde der diplomatische Schriftverkehr dieses Volkes entdeckt und entziffert.

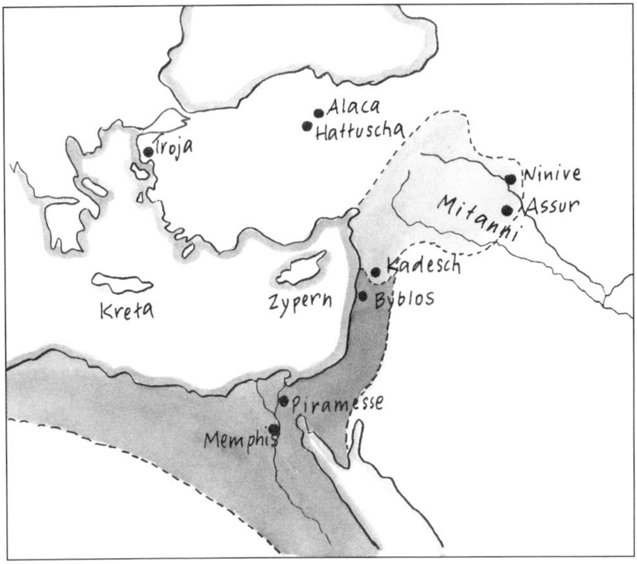

1893 fand der französische Archäologe Ernest Chantre die ersten Tontafelfragmente in der Ruinenstätte Boghazköy. Von 1906 an wurde der Ort systematisch ausgegraben und schon bald ein Brief in Keilschrift* entdeckt, den Pharao Ramses II. an Hattuschili III., den König der Hethiter, geschrieben hatte. Die beiden Herrscher tauschten über Jahrzehnte freundschaftliche Briefe. Das Dokument konnte nur aus dem Staatsarchiv der Hauptstadt stammen – die Hauptstadt der Hethiter war identifiziert. 1915 gelang es dem Wiener Assyriologen Bedrich Hrozny, die hethitische Sprache zu verstehen. Verblüffenderweise ist es eine indoeuropäische Sprache: „uga" heißt ich, vergleichbar dem lateinischen „ego" oder „wi" dem „Wein" und „vinum".
Wir wissen sehr viel über den Staat und die Sprache der Hethiter, ihre Könige, ihre Gesetze und die diplomatischen Verbindungen zu anderen Staaten. Hauptsächlich dank der Massen von Tontafeln, die bei den deutschen Ausgrabungen in der Hauptstadt Hattuscha (Boghazköy) entdeckt wurden.
Normalerweise wurden die Texte auf den billigen Ton gestanzt. Wichtige Urkunden aber schrieb man auf Metalltafeln nieder: Bronze, Eisen oder wie im Fall des Vertrags mit Ägypten auf Silber. Eine solche Metalltafel ist aus der Zeit König Tutchalijas (reg. ab 1235 v. Chr.) erhalten. Tutchalija war Hattuschilis Sohn und Nachfolger.
Die hethitischen Schreiber in den Bibliotheken waren angesehene Männer. Schließlich konnten selbst die Fürsten des Landes oft weder lesen noch schreiben. Die Schreiber dagegen hatten Lesen, Rechnen und weitere Wissenschaf-

ten gelernt. Sie konnten Übersetzungen anfertigen, Tafeln ausbessern und diktierte Texte in die vorgeschriebene Form bringen.

Könige und Götterkult der Hethiter

Der Hethiterkönig Muwatalli verstarb 1280 v. Chr. und zunächst bestieg sein Sohn Urchi-Teschub (Murschili III.) den Thron. Einige Jahre später putschte Hattuschili, der jüngere Bruder Muwatallis, gegen den Neffen und schickte ihn ins Exil nach Syrien. Von dort floh Urchi-Teschub nach Ägypten an den Hof von Ramses. Hattuschili III. nahm 1275 v. Chr. den Thron in Hattuscha in Beschlag.
Hattuschili war ein erfolgreicher Feldherr, verheiratet mit der Tochter eines angesehenen Priesters, der selbstbewussten Puduhepa. Als Königin spielte sie neben ihrem Mann eine wichtige Rolle und korrespondierte ebenfalls mit Ramses und seiner Familie. Auch sie wollte den Friedensvertrag mit Ägypten.
Die Hethiter waren ein frommes Volk.
Wenn Seuchen oder Dürre das Land bedrohten, wurde nach dem Grund gesucht, weshalb die Götter zürnten.
Die Götter werden in den hethitischen Staatsverträgen als Zeugen angerufen, allerdings nur die Hauptgötter. Die größte Verehrung genossen der Wettergott Teschub und seine Gemahlin, die Sonnengöttin von Arinna, auch Hepat genannt. Mit diesen Hauptgöttern hatte ein Hethiter in Ägypten kein Problem: Den Wettergott Teschub erkannte er im Wüsten- und Gewittergott Seth* wieder, die „Sonne

von Arinna" wurde in Ägypten als Sonnengott Re* verehrt. An die Gottheiten, deren Statuen in ihren Tempeln standen, konnten sich die Menschen direkt wenden wie an Vorgesetzte, denen sie sich zwar fügen mussten, die aber durch Versprechungen zu beeinflussen waren. In Bußgebeten gestand der Sünder seine Vergehen und bat um Verzeihung, indem er auf mildernde Umstände hinwies. Man betete beim Wettergott um Regen mit der Bemerkung, dass man ohne Regen auch keine Opferbrote für ihn backen könne.

Die Götterstatuen befanden sich im Allerheiligsten der Tempel und waren außer an Festtagen nur einem kleinen Personenkreis zugänglich.

Hattuscha war zugleich religiöses Zentrum und Regierungssitz. So wie auch die Hethiterkönige Oberpriester und König waren.

In den Jahren 2003 bis 2005 hat das Deutsche Archäologische Institut 65 Meter der Lehmziegel-Stadtmauer des einstigen Hattuscha wiedererrichtet. Der Mauerabschnitt mit zwei Wehrtürmen zeigt, wie gut befestigt die Stadt war. 6.400 Lehmziegel aus Lehm, Stroh und Wasser wurden für diese Rekonstruktion produziert.

Das Löwentor in Hattuscha

Der Mann im Staub – die Schlacht von Kadesch

Es war Frühling. Grünes Gras spross überall. Der Fluss Orontes führte reichlich Wasser. Ich war damals Schreiber im Dienst des Königs von Hatti. 20 Jahre jung, mit flinken Füßen und schneller Schreibhand. Ich war froh, kein Soldat zu sein. Als Schreiber fällt man nicht so oft in die Hände der Feinde. Oft genug hatte ich unsere Kämpfer gesehen, wie sie mit abgeschnittenen Nasen und Händen am Boden lagen. Um die Toten zu zählen, schlugen die Ägypter ihnen die Gliedmaßen ab, warfen sie auf einen Haufen und ließen sie später durch ihre Schreiber zählen.

Unser König Muwatalli war mit den Tapferen von Hattuscha und seinen Schreibern aus dem Reich Hatti bis an den Orontes gezogen. Hierher waren auch die 20 Fürsten der Verbündeten mit ihren Truppen gekommen. Ein Heer wie ein Heuschreckenschwarm in der Ebene hinter der Stadt, wo das Gras hoch stand.

Mein Vetter Tili, ebenfalls königlicher Schreiber im Rang eines Spähers wie ich, war bei mir. Wir sollten den drohenden Kampf beobachten und unsere Beobachtungen auf die Schreibtafeln eindrücken.

„Sehr gut", sagte Tili und schlug sich auf die Schenkel. „Ramses will die Festung einnehmen."
„Ich fürchte mich", murmelte ich. Mir war unbehaglich zumute. Im Gegensatz zu all den Kämpfern unserer Heerscharen war ich unbewaffnet. Ich trug an einem Gurt um den Rock nur Schreibzeug und Holztafeln. Um meinen Hals hing an einer Schnur ein Lederschlauch, mit Trinkwasser gefüllt, genug für einen heißen Tag.
Falls ich in die Hände der Feinde fiel, würden sie mir Nase, Ohren und Hände abschneiden, wie es Brauch bei den Ägyptern ist. Doch der Wettergott würde dies nicht zulassen. König Muwatalli hatte die nötigen Opfer verrichtet und unsere tapferen Kämpfer hinter der Stadt Kadesch versteckt.
Tili deutete hoch auf das Geäst der Zeder, in deren Schatten wir standen. „Dort oben ist eine natürliche Höhlung im Stamm. Siehst du sie?"
Mit den Augen folgte ich seinem ausgestreckten Finger. Schwindelerregend hoch war der Ausguck.
„Unsere List hat gewirkt." Wieder lachte er. „Das ägyptische Heer dreht auf die Stadt zu."
Seine Freude steckte mich an. Zwei unserer Späher hatten sich als Beduinen verkleidet ins Lager des Pharaos begeben. Dort erzählten sie, der Hethiterkönig sei aus Angst vor den Ägyptern mit dem ganzen Heer wieder abgezogen.
Eine Falle! Gut versteckt lagen 20.000 Soldaten und 2.000 Streitwagen im Norden hinter der Stadt. Allen voran die Brü-

der des Königs und unser tapferer König Muwatalli auf ihren Streitwagen. Die mutigsten Löwen von Hatti. Mit Ästen bedeckt lauerten sie in einem schattigen Wald darauf, dass die Feinde in die Falle tappten.

„Und es kommt wirklich nur eine Division?“, fragte ich sicherheitshalber.

„Die anderen drei marschieren getrennt, jede einen Tagesmarsch von der nächsten entfernt.“

„Dümmer kann ein Pharao nicht handeln.“

Wir kicherten vor Vergnügen.

„Und jetzt in dein geschütztes Plätzchen“, rief Tili.

Ich band mein Schreibzeug auf dem Rücken fest, zog den Rock hoch. Flink wie ein Eichhörnchen erklomm ich den Stamm der Zeder, in den ganz oben eine bequeme Ausbuchtung für mich eingearbeitet war.

„Nach dem Sieg über die Ägypter kontrolliert das Reich Hatti den Handel vom Zweistromland bis zum Mittelmeer. Reichtum für jeden von uns“, rief Tili mir aufmunternd zu. „Nie mehr Hunger!“

Lieber wäre ich in seiner Nähe geblieben. Doch Tili rannte zu dem Baum, von dem er die Schlacht beobachten wollte.

Ich hatte kaum in der Höhlung des Stammes Platz genommen und die Schreibtafeln auf dem Schoß ausgebreitet, als ich das Heer der Ägypter sah. Ich erkannte den großen Pfahl mit dem in der Sonne blitzenden vergoldeten Widderkopf über den Streitwagen, das Feldzeichen der ersten Division Amun.

Die Streitwagen und die Fußsoldaten zogen am Fluss entlang, und zwar gerade auf meinen Baum zu. Die Hände zitterten mir bei ihrem Anblick. Schließlich war ich nur ein kleiner Schreiber, ein Staubkorn vor der Streitmacht des ägyptischen Pharaos. Falls die Feinde mich entdeckten – ich griff an meine Nase und drückte mich tiefer in die Baumhöhle hinein.
Durch unsere Kundschafter wussten wir, dass die weiteren Truppen des Pharaos noch einige Tagesmärsche zurück lagen. Erst in zwei Tagen würden sie hier eintreffen. Die Division Amun, verstärkt durch die Leibwache des ägyptischen Herrschers, war die Vorhut des ganzen feindlichen Heeres. Ein Teil der Truppe hatte das Lager gegenüber der Stadt aufgeschlagen. Ich glaubte, ein Brausen in der Luft zu hören.
Von meinem Ausguck blickte ich auf den Berg mit der Festung Kadesch. Zwischen den beiden Flüssen gelegen, war sie uneinnehmbar.

Das Brausen schwoll jetzt an wie ferner Donner, der langsam näher kommt. Das waren die vereinigten Heere der Hethiter mit allen Bundesgenossen. Ja, der Wettergott feuerte sie an. Ich hörte das Schlachtgebrüll unserer Männer. Der Baum, in dem ich saß, erzitterte unter dem tausendstimmigen Geschrei. Denn sie waren zahlreich wie Sandkörner. Über ihnen wirbelte eine riesige Staubwolke. Die Erde bebte unter dem Gewicht der 2.500 schweren Streitwagen. Mit beiden Händen hielt ich mich seitlich fest, als sie an mir vorbeidröhnten. Gleich hinter den Wagen rannten die Fußsoldaten mit ihren Lanzen und Schilden. Ganz am Schluss marschierten die Trommler und Schlachtsänger, die sie anfeuerten. So furchtbar das alles war, war es doch auch ein herrlicher Anblick. Ich drückte den metallenen Stift in die Wachstäfelchen, immer wieder, und ließ nichts aus.

Jetzt hatten unsere Krieger den kleinen Trupp der Ägypter umzingelt. Von jenseits des Flusses rückten ägyptische Streitwagen heran. Das Wasser spritzte über ihnen auf, als sie den Orontes auf der Furt überquerten. Die Zeder schwankte bedenklich. Ich hielt die Schreibtafeln fest. Das Gebrüll aus tausend Kehlen nahm kein Ende.

Für kurze Zeit saß ich genau über dem Kampfgeschehen. Krachend schlugen die Wagen gegeneinander, Pferde wieherten auf und galoppierten aufgeschreckt davon. Männer bäumten sich auf und blieben wimmernd im Staub liegen. Schnell eilten Fußsoldaten herbei und zogen sie mit sich fort. Das Gebrüll und das Klirren der Schwerter nahm kein Ende. Die Ägypter flohen, so viel war klar, und unsere Kämpfer jagten hinter ihnen her, um sie zum Fluss zu treiben. Genauer gesagt, in die Enge am Zusammenfluss der beiden Wasserläufe. Dort war kein Entkommen mehr. Ganz plötzlich war die Ebene vor mir verlassen. Ich pfiff auf meiner Flöte zu dem Baum hinüber, in dem Tili hockte. Sein Pfiff kam sofort zurück. Und dann pfiff er noch zweimal. So hatten wir es vereinbart, wenn wir noch warten wollten.

Ein Geräusch ließ mich hinabsehen. Ein vereinzelter Wagen kam geradewegs auf meinen Baum zugeschleudert. Eins der Pferde hatte sich aus dem Gespann befreit und blieb seitlich stehen. Das andere sprang zur Seite und löste sich ebenfalls von der Wagendeichsel.

Der Schildträger flog in

hohem Bogen durch die Luft und blieb reglos im Sand liegen. Knirschend schob sich der Wagen gegen den Baum, der Kopf des Lenkers schlug gegen den Stamm der Zeder unter mir. Mit verzerrtem Gesicht kauerte er auf dem Boden des Fahrzeugs. Blut lief in feinen Fäden aus seinen Mundwinkeln.
Beide Pferde standen jetzt beieinander mit erhobenen Hälsen und wieherten hell auf.
Fassungslos starrte ich auf den Verletzten unter mir. Ohne zu überlegen, ließ ich die Schreibtafeln zurück und glitt hinab. Der Wagen mit den Beschlägen aus Goldblech war unbeschädigt, doch der rothaarige Lenker war verletzt. Ein Mann von hagerer Gestalt in einem vergoldeten Brustpanzer. Auf seinem Kopf saß ein verrutschter blauer Helm mit einer weißen Feder. Bei Teschub, war das nicht die Kriegskrone des ägyptischen Pharaos? Das Gesicht des Mannes war schmerzvoll verzerrt. Er blinzelte.
Behutsam strich ich mit der Hand über das Gesicht des Ägypters. Mit meinem Schreibertuch wischte ich ihm das Blut vom Mund. Er lebte noch, ein Zucken ging über das Gesicht. Die rechte Hand griff bittend in die Luft. Ich reichte ihm meinen Wasserschlauch. Langsam ergriff er ihn und nahm einen Schluck. Während er trank, schaute ich mich um, ob Tili mir zu Hilfe kam. Ich erstarrte beim Anblick der Krieger, die um den Wagen standen. Auch die Pferde waren zurückgebracht worden. Der Schildträger, der eben noch im Sand gelegen hatte, schlug einen Nagel in die Deichsel, befestigte die Tiere am

Gespann und band die zerrissenen Zügel zusammen. All das spielte sich innerhalb von ein paar Wimpernschlägen ab.
Was hätte ich tun sollen? Ich hatte keine Waffe. Ich bin ein Schreiber, kein Soldat.

Der rothaarige Wagenlenker stand jetzt wieder aufrecht im Wagen. Der Blick aus seinen Augen war stechend.
„Wer bist du, Untertan des Elenden von Hatti?“ Die Stimme kam mir vor wie Donner.
„Ich bin Schubili, der Schreiber des Königs“, stieß ich hervor. Der Schildträger hatte den Speer auf meine Brust gesetzt. Warum erkannte ich den Lenker erst jetzt? Ein furchtbares Grollen ertönte hinter mir. Ich drehte mich um. Ein riesiger Löwe mit erhobener Tatze stand mir gegenüber.
„Verschone mich, Pharao“, wollte ich jammern, doch nur meine Lippen bewegten sich.
„Du bist Staub unter meinen Schuhen so wie der Elende von Hatti. Doch ich gewähre dir die Gnade des Seth.“ Ramses nickte dem Schildträger zu. Langsam hob sich die Lanzenspitze von mir fort. Ich sprang zur Seite. Sand und Steinchen spritzten mir ins Gesicht. Die Räder des goldenen Streitwagens

drehten sich im Sand und der Löwe sprang hinter ihm her, ohne mich zur Kenntnis zu nehmen.
Die paar Schlucke Wasser hatten den Herrscher wieder zum Leben erweckt. Ich konnte es nicht fassen.
Eine Hand legte sich auf meine Schulter. Ich erkannte den Mundschenk des Pharaos.
„Dir ist große Ehre widerfahren, Elender", sagte er würdevoll. „Die Sonne Ägyptens hat mit dir gesprochen und dir göttliche Gnade gewährt."
Ich muss ihn ziemlich dumm angestarrt haben.
„Dies war ein großer Tag in deinem Leben, Elender. Nie wirst du ihn vergessen."
Mein Wasserschlauch war fort. Der Pharao hatte ihn behalten. Ich schnaufte auf.
Der Mundschenk sprang auf einen weiteren Streitwagen und ich begann zu laufen. Denn wohin mein Auge auch blickte, überall war jetzt wieder Kampfgetümmel. Streitwagen rauschten heran. Unsere Krieger rückten vor. Schreien und Stöhnen war zu hören.
Angst erfüllte mein Herz, unglaubliche Angst, bis ich die schützenden Mauern der Stadt erreichte, wo mich einer der Unsrigen zum Tor einließ.

***

2 Der Elende von Hatti – *So bezeichneten die Ägypter in der Kriegszeit den Hethiterkönig.*
3 Gnade des (Kriegsgottes) Seth – *Ramses schenkt dem Schreiber das Leben.*

Sechzehn Jahre waren vergangen und doch sah ich alles deutlich vor mir.

Ich wartete immer noch vor dem Hohepriester*.
„Ja“, sagte ich. „Ich werde morgen abreisen. Mit lachendem Gesicht.“
Und so kam es tatsächlich. Mit meinem Cousin Tili-Teschub trat ich die lange Reise an. Es begleiteten uns Diener und Lasttiere. Denn natürlich nahmen wir viele Geschenke für den Pharao mit. 200 Schafe wurden auf dem Landweg von Soldaten nach Ägypten getrieben. Sie sollten etwas später als wir in der ägyptischen Hauptstadt Piramesse eintreffen. Den Käfig mit

den Brieftauben trug ich selbst. Sieben Tauben hatte der Hohepriester ausgewählt, die stärksten aus dem Taubenschlag des Wettergottes: einen roten Täuberich, eine schwarze unruhige Taube, eine sanfte Graue, eine verfressene Weiß-Graue, eine fette Weiße, eine Graue mit schwarzen Flecken, schnell wie ein Falke und dann eine zärtliche Blaue.

30 Tage dauerte es, bis wir die Mündung des Nils erreichten. Dort verließen wir das große Byblos-Schiff* und bestiegen einen ägyptischen Lastensegler. Unser Schiff tauchte in eine Sumpflandschaft ein. Mückenschwärme tanzten über uns.

„Bald sind wir in der Hauptstadt!“, rief uns der Kapitän zu. Ich sah in den Käfig hinein. Welche von den Tauben würde ich wohl als erste nach Hatti zurückschicken?

Die Schlacht von Kadesch

Zu Beginn der Herrschaft Ramses II. regierte im Hethiterreich der etwa gleichaltrige Muwatalli. Zu dieser Zeit verlief die Grenze zwischen Ägypten und dem Hethiterreich am Hundsfluss, nördlich des heutigen Beirut im Libanon. Der Grenzstaat Amurru* mit seinem Fürsten war zu den Hethitern übergelaufen. Ramses brach in seinem fünften Regierungsjahr zu einer Strafexpedition gegen Amurru auf. Zugleich hatte sich der Hethiter Muwatalli auf den Weg gemacht, um den neuen Besitz zu verteidigen.
Ramses ließ zu dieser Schlacht einen Bericht anfertigen, der sich wie eine militärische Abhandlung liest. Ihn ließ er in die Mauern von fünf Heiligtümern meißeln: in Abydos*, Luxor, dem Ramesseum in Theben*, den beiden nubischen Tempeln von Abu Simbel und in ed-Derr. Der „Bericht" wird durch Bildreliefs mit Darstellungen der Schlacht illustriert. Kampfgetümmel und die Heldentaten des Ramses sind auf den Außenwänden der Tempel zu sehen. Eine gewaltige Niederlage der Hethiter verkündet Ramses in diesem Propagandabildbericht – die eigene Blamage wird vertuscht und die Wahrheit verbogen. In Wirklichkeit nämlich mussten sich die Ägypter zurückziehen und die Hethiter behielten Amurru.
Natürlich gab es unzählige Kämpfe und Gefechte in früherer Zeit, doch die Schlacht von Kadesch ist die erste in der Geschichte, von der die Taktik und die Aufstellung der gegnerischen Heere überliefert sind. Zunächst lockten der

Hethiterkönig und seine Generale den vorrückenden Ägypterkönig mit einer List in eine Falle. Ramses fiel auf sie herein und wäre fast vernichtend geschlagen worden. Erst als eine Ersatztruppe der Ägypter zu Hilfe kam, konnte die Situation für Ramses' Heer halbwegs gerettet werden. Die vier ägyptischen Divisionen marschierten jeweils etwa durch einen Tagesmarsch getrennt voneinander auf die Festung zu. Die Festung Kadesch beherrschte das Grenzland zum Euphrat. Schon vor Ramses hatten sich die ägyptischen Pharaonen mit den Herrschern des Reiches Mitanni* um Kadesch und das Orontestal gestritten. Bis in die Zeit von Pharao Echnaton (reg. 1351–1334 v. Chr.) stand das Gebiet unter ägyptischer Verwaltung. Noch unter Sethos I. (reg. 1290–1279 v. Chr.) mussten die Fürsten im Libanon und in Syrien Zedern für ägyptische Schiffe und die Fahnenmasten der Tempel fällen lassen, dann aber fassten die Hethiter dort Fuß.

Die Schlacht von Kadesch. Kopie nach einem altägyptischen Relief

Das Heer des Ramses und das Heer der Hethiter

Das Land Ägypten war durch seine Lage vor Feinden gut geschützt. Die Wüsten zu beiden Seiten des Nils erschwerten das Eindringen von feindlichen Heeren. Die Ägypter galten als eines der friedlichsten Völker ihrer Zeit.
Mit dem Pferd (susim) machten sie erst spät Bekanntschaft. Seit der Beendigung der Hyksosherrschaft, der ausländischen Herrscher, die in Ägypten von etwa 1650–1542 v. Chr. regiert hatten, züchteten auch die Pharaonen Pferde und stellten Streitwagentruppen auf. Zwei Hengste zogen die leichten Kampfwagen, die von zwei Männern besetzt waren, dem Wagenlenker und dem Kämpfer. Ein Exemplar eines solchen Wagens wog nur 24 bis 35 Kilo. Diese leichten zweirädrigen Streitwagen waren schneller und wendiger als die der Hethiter. Da sie hinten offen waren, konnten die Insassen bei einem Sturz schnell abspringen und die Pferde ausschirren.
Eine Reiterei im heutigen Sinn kannten die Ägypter nicht. Nur Boten nutzten Pferde zum Reiten. Für Vornehme galt es als unschicklich, auf einem Reittier zu sitzen.
Außer den Wagenkämpfern (tentheteri) gab es die Fußsoldaten (meschau). Die Soldaten erlernten das Kriegshandwerk und vererbten es vom Vater auf den Sohn. Alle Soldaten waren Grundeigentümer und versorgten sich selbst. Ausgestattet waren sie mit ägyptischen Schilden aus Holz mit einem bronzenen Schildbuckel, die Lanzen besaßen

lange Bronzespitzen. Sie selbst waren mit Helmen und Lederpanzern geschützt. Diese waren teilweise mit Bronzeschuppen verstärkt.
Für den Nahkampf wurden Dolche und Beile eingesetzt. Fernwaffen waren Speer, Schleuder, Pfeil und Bogen. Streitkolben wurden häufig auch geworfen.
Die Armee war ein stehendes Heer mit vier Abteilungen zu je 5.000 Mann. Der Wesir* war zugleich Kriegsminister. Oberster Kriegsherr im Gefecht war der Pharao, nach ihm kam der Oberbefehlshaber, unter Ramses sein ältester Sohn Amunherchepeschef.
Auch das **Hethiterheer** bestand aus einer stehenden Armee. In festen Lagern untergebracht hielt sie sich auch im Winter bereit. Zu Beginn der warmen Jahreszeit, der Kampfsaison, kamen weitere Abteilungen aus den einzelnen

Darstellung eines ägyptischen Streitwagens aus der Schlacht von Kadesch

Landesteilen zu einem Sammelplatz. Bei größeren Feldzügen wurden zusätzlich die Vasallen mit ihren Truppen herbeigeholt. Manchmal half man sich auch mit Söldnern. Eine hethitische Flotte gab es nicht. Mussten Feinde auf dem Meer bekämpft werden, bedienten sich die Hethiter der Schiffe und Besatzungen der abhängigen Seestädte in Syrien und Kilikien.

Die Bewaffnung der Hethiter bestand aus violinenförmigen Schilden. Ihre Streitwagen waren schwerer als die der Ägypter und trugen jeweils drei Männer, den Lenker, den Schildträger und den Bogenschützen. In der Schlacht von Kadesch brachten die Hethiter ihre Kämpfer mit den Wagen schnell zum Einsatzort. Die Waffentechnik, besonders die Bearbeitung von Eisen, war bei den Hethitern weit entwickelt. Ihre Schwerter waren begehrte Geschenke im Austausch mit anderen Staaten – gelegentlich wurden sogar die hethitischen Metallarbeiter verschenkt.

Kriege mussten nach hethitischer Auffassung nach den Anordnungen der Götter ausgetragen werden. Deshalb wurden vor jedem Feldzug Orakel eingeholt. Auch achtete man auf göttliche Vorzeichen wie den Vogelflug oder das Erscheinen eines Meteors.

Die erste Taube: die Ankunft in Piramesse und die Namen des Pharaos

Nach einer Fahrt durch dichte Papyruswälder erreichte unser Schiff gegen Mittag den Hafen von Piramesse. Die Kleidung klebte mir am Körper, Schweiß lief mir übers Gesicht. Unsere hethitischen Diener führten die Lastesel mit dem Gepäck über den kleinen Steg auf ägyptischen Boden. Die Tauben flatterten unruhig hin und her. Nur der rote Täuberich plusterte sich auf. Ich ließ den Käfig nicht aus den Händen. Tili trug das Schreibzeug auf dem Rücken. Eine Menge weiß gekleideter Menschen wartete an der Landestelle auf uns. Hohe Palmen spendeten ein wenig Schatten. Obelisken* ragten in den Himmel. So flach das Land hier auch war, so riesig waren die Gebäude und die Statuen, auf die unser Blick fiel. Und alles leuchtete und strahlte im Licht der Sonne über uns.

„Wir sind im Glitzerland angekommen“, flüsterte ich Tili zu. Anders konnte man das Land des Pharaos nicht nennen.

„Sieh nur!“ Mein Cousin wies mit der Hand in die Höhe. Die Spitzen der Obelisken waren vergoldet. Vor dem Tempel, der sich gleich über dem Kai erhob, flatterten blau-goldene Wimpel im Wind. Sie waren an hohen Holzstämmen befestigt.

Ein älterer Mann mit grämlichem Gesicht und fast kahlem Kopf trat auf uns zu. Er trug den gefältelten Schurz der vornehmen Ägypter.

„Brot und Bier[4], ihr Elenden aus Hatti!“, rief er. „Ich bin Samut. Königlicher Schreiber im Lebenshaus*.“ Trotz der unfreundlichen Anrede verneigte er sich höflich vor uns. Er duftete nach den Wohlgerüchen Ägyptens.

„Brot und Bier auch für dich“, sagten wir wie aus einem Munde und neigten ebenfalls die Köpfe.

„Usermaatre Setepenre heißt euch willkommen. Ihr werdet in meinem Haus wohnen.“ Seine Diener traten vor und ergriffen die Zügelleinen unserer Esel. Unsere Knechte begannen sofort eine Unterhaltung mit ihnen, ohne Worte, mit Händen und Füßen.

„Ich soll euch auf euren Wegen in Piramesse begleiten“, erklärte Samut. Hinter jeden Satz setzte er die Anrede „Elende“. „Man kann hier am Hof vieles falsch machen. Davor soll ich euch bewahren.“

4 Brot und Bier – *ägyptische Begrüßung, etwa „Mahlzeit!“*

„Wir danken dir, Samut. Wann wird uns der Pharao empfangen?“

„Langsam, Elende aus Hatti. Wie könnt ihr ihm entgegentreten, ungewaschen und ahnungslos? Lasst euch erst von mir belehren. Ruht aus von der Reise. Macht euch einen schönen Tag und trinkt Bier.“ Im Sprechen bewegte er die Hände. Wir folgten ihm durch das Menschengewühl am Hafen über einen Markt. Auf langen Tischen wurden Fische, Früchte, Getreide und Brote von Marktfrauen verkauft. Nackte Kinder sprangen herum und spielten Ball. Auch Stoffe und Kleider lagen ausgebreitet in der Sonne. Einmal blieb ich stehen und roch an einem Krug, dem der Duft von Parfümöl entströmte.

Das Haus des Schreibers lag an der Stadtmauer. Durch die Säulen des Eingangs schritten wir in eine Empfangshalle.

Vor zierlichen Korbsesseln standen kleine viereckige Tische mit Speisen. Wir hatten kaum Platz genommen, als schon Diener mit kupfernen Schüsseln und Kannen vor uns niederknieten und uns die Füße wuschen. Andere brachten frische Leinengewänder für uns. Der Stoff war hauchdünn – kein anständiger Mann in Hattuscha würde so auf die Straße gehen. Andere Länder, andere Sitten. Ich schämte mich in meinem neuen Gewand und Tili ging es ebenso.

Samut saß uns gegenüber und forderte uns zum Essen auf. Dann goss er auch schon Bier über seine Schüssel mit gebratenem Entenfleisch und Fischstückchen und ließ es sich schmecken. Ein kleines Raubtier sprang ihm auf den Schoß und entriss ihm

einen Brocken Fleisch. Es war schwarz und ziemlich dick und trug ein goldenes Halsband mit einem Glöckchen. Lächelnd streichelte Samut sein Haustier. Verängstigt deckten wir die Hände über unser Essen.
„Ein junger Löwe? Oder ein Panther?“, erkundigte ich mich.
„Keine Angst“, beruhigte uns Samut. „Das ist Miu, meine Katze. Sie geruht manchmal, etwas Nahrung von meinem Tisch zu nehmen.“ Er wies auf ein silbernes Schälchen unter seinem Stuhl. „Die Diener achten darauf, dass ihr Fressnapf stets gefüllt ist.“
Auch wir schütteten nun reichlich Bier über die Speisen und tunkten das Brot hinein, duftendes helles Brot, das jeden Morgen im Haus gebacken wird.
„Solches Brot möchten auch die Menschen im Lande Hatti verzehren“, rief ich, als die Diener die Tische wieder hinaustrugen.
„Deswegen sind wir nach Ägypten gekommen“, ergänzte Tili. „Im Krieg werden die Feigenbäume umgehauen und die Felder

verbrannt. Nur im Frieden wächst das Korn auf den Feldern."
„Auch die Ägypter lieben den Frieden", versicherte Samut. „Ihr aber, Elende, tut gut daran, um Frieden zu bitten." Sein Gesicht nahm einen verzückten Ausdruck an. Er wiegte den Oberkörper hin und her, schloss die Augen und sprach in singendem Tonfall weiter: „Usermaatre Setepenre ist der, der jedes Fremdland niedertritt unter seinen Sohlen. Mit mächtiger Kraft! Mit spitzen Hörnern! Der jedes Land schlägt! Löwe mit starkem Willen! Der die Asiaten zerschlägt! Stier der Herrscher! Mit mächtiger Schlagkraft! Der die neun Bogen[5] unterwirft! Mit großen Siegen in jedem Fremdland! Der die Fremdländer* bezwingt und die Rebellen niederwirft! Beschützer Ägyptens! Wie Month*! Kämpfer für Millionen!"

Lange sprach und sang er so weiter. Plötzlich verstummte er, seine Augen öffneten sich und er sah uns an.

„Könnt ihr die Namen des Usermaatre Setepenre jetzt wiederholen, nachdem ihr sie gehört habt? Oder soll ich sie euch lieber aufschreiben?"

Natürlich mussten wir darum bitten, die Titel und Namen des Pharaos für uns aufzuschreiben.

„Das habe ich mir gedacht." Samut winkte einem Diener und schon erhielt jeder von uns eine kleine Rolle mit der vollständigen Titulatur des Königs. Tatsächlich nennt ihn niemand im Land hier Ramses. Auch das erklärte uns unser Gastgeber. Usermaatre Setepenre heißt der Pharao offiziell, meistens wird noch Meriamun, „geliebt von Amun*", hinzugefügt.

5 Die neun Bogen – *Bezeichnung für die Feinde Ägyptens, mit „neun" sind „sämtliche" gemeint.*

Wir erhoben uns. Samut verneigte sich tief vor der Statue des Affen in der Ecke des Raums und wir sahen ihn fragend an. „Der Herr der Gottesworte“, flüsterte er, „Thot*, der Gott der Weisheit.“
Mit Mühe unterdrückten wir ein Lachen.
„Elender, lass den Käfig mit den Tauben im Haus. Wir gehen jetzt zur Bahn der Streitwagen.“
Ungern ließ ich die Tauben zurück und bat darum, sie an einen sicheren Ort zu bringen. Mir war klar, dass ihnen Gefahr von der verwöhnten Katze des Hauses drohte.

Trotz der vorgerückten Nachmittagsstunde war es drückend heiß. Wir gingen an den königlichen Stallungen vorbei.
„Hinter diesen Mauern leben ‚Stolz von Theben‘ und ‚Mut ist zufrieden‘“, sagte Samut. „Jeden Tag besucht sie der Pharao.“
Wieder sahen wir ihn fragend an. „Seine Kinder?“, fragte ich.
„Nein nein. Die Kinder des Pharaos leben im Palast hinter dem des Pharaos. Wir stehen vor den königlichen Stallungen.“
Aus dem Inneren des Ziegelbaus war helles Wiehern zu hören.
„Ich meine die Hengste, die Usermaatre Setepenre aus dem Getümmel der Schlacht von Kadesch gerettet haben. Aus Dankbarkeit besucht er sie jeden Tag und bringt ihnen Äpfel mit.“
Wir überschritten eine hohe Holzbrücke über einen weiteren Kanal. Glücklicherweise war der Weg zur Streitwagenbahn nicht weit. Die Wachen am Tor salutierten, als Samut mit Tili und mir vorbeikam. Auf der breiten Straße aus weißen Kalkstein-

platten marschierten Trupps von Soldaten im Gleichschritt, angeführt von ihren Hauptmännern. Alle trugen sie kurze helle Schurze, ihren Schild und eine Lanze. Höhere Offiziere rauschten in hochrädrigen Streitwagen an uns vorbei. Jedes Mal lief mir ein Schauer über den Rücken. Tili ging es nicht anders.

Mit den Armen fuchtelnd, führte uns Samut zur Rennbahn. In unglaublicher Geschwindigkeit galoppierten die Hengstgespanne mit den Wagen an uns vorbei. So viele von ihnen hatte ich zuletzt in der Schlacht von Kadesch gesehen. Meine Hände zitterten. Ich hoffte, dass Samut es nicht bemerkte.

„Kommt nur, kommt, Elende von Hatti“, rief er mit breitem Grinsen. Wir überquerten die Bahn und blieben neben dem Schreiber auf einem mit Blumen bepflanzten runden Platz stehen.

„Wartet hier, Elende. Rührt euch nicht von der Stelle.“ Unser Gastgeber hob mahnend den Finger und wir begriffen, dass er uns eine wichtige Anweisung gegeben hatte. Wir befanden uns genau vor einer großen runden Holzscheibe mit einer Hieroglypheninschrift*.

„Was ist da geschrieben?“, erkundigte sich Tili.

„Amun ist gerecht. Er schützt die Gerechten.“

„Hm. Aber warum stehen wir hier eigentlich in der Sonne?“

Sirrend flog ein Messer an uns vorbei und bohrte sich knirschend in das Holz hinter uns. Tili schrie auf. Ich erstarrte.

„Rührt euch nicht, Elende!“, rief Samut aus sicherem Abstand.

Messer auf Messer flog nun, während wir wie Statuen erstarrt ausharrten.

„Großer Teschub, rette deine Diener. Hilf uns", murmelte ich. Unzählige Messer flogen an uns vorbei wie ein Schwarm von Spatzen.

„Sie bringen uns um", murrte Tili.

„Nein nein", versuchte ich, ihm Mut zuzusprechen. „Es ist nur ein Spiel."

Die Messer flogen weiter, sie waren überall. Doch das Wunder geschah – keines von ihnen traf uns. Plötzlich war es völlig still. Vor uns ertönte fröhliches Gelächter. Und jetzt sahen wir die kleine Tribüne, auf der wunderschöne Ägypterinnen mit prachtvollen

schwarzen Perücken und vornehm gekleidete Männer saßen. Samut hielt sich den Bauch vor Lachen und klopfte sich auf die Oberschenkel. Der Messerwerfer verneigte sich grinsend vor uns. „Großartig!“, schrie Samut, ergriff unsere Hände und brachte uns zur Tribüne. „Setzt euch, Elende. Trinkt Wein mit uns.“
Als wir neben ihm Platz genommen hatten, sahen wir die Umrisszeichnung von uns beiden auf dem runden Holzschild. Die Messer waren haarscharf an unseren Körpern vorbeigeflogen und in die Holzfläche eingedrungen. Niemals hätte man in Hatti gewagt, so respektlos mit ägyptischen Gesandten umzugehen.
„Schlechtes tut, wer den königlichen Gesandten schlecht behandelt“, schnaufte ich.
„Gut behandelt werdet ihr, Elende, im Land des Re!“ rief Samut und führte mich zu einem Gestell mit Getränken und Brot.
„Feiert einen schönen Tag“, sagte eine sanfte Stimme neben mir. Sie gehörte einer jungen Frau mit silberfarbenen Sandalen und einer blauen Schärpe an ihrem fast durchsichtigen Leinenkleid. Sie lächelte uns an. Wahrscheinlich war sie die Ehefrau des Schreibers Samut. Wir ergriffen die Trinkgefäße und gossen Wein in unsere Kehlen. Auf dem Platz in der Mitte der Wagenrennbahn führte eine Gruppe von Zwergen Kunststücke vor.

„Was hat dir bis jetzt am besten in Ägypten gefallen, Gesandter?“, fragte mich die Schöne. Sie trug eine Löckchenperücke mit einem Parfümkegel auf dem Scheitel.

„*Ninda*[6]“, sagte ich, ohne zu überlegen.

„Ja, unser Brot ist sehr gut“, erwiderte sie.

„Du verstehst die Sprache des Landes Hatti?“

„Nur ein paar Worte. Und ich kann die Schrift lesen.“

„Dann bist du eine Schreiberin?“

Sie bestätigte, dass sie schreiben und lesen konnte. Ihr Name war Nefermerit. Mit Samut war sie weder verwandt noch verheiratet.

„Die Große Königsgemahlin hat mich geschickt“, erklärte sie.

Ein Sonnensegel über der Tribüne sorgte für Schatten. Während wir dem Wein zusprachen und dazu Brot aßen, fassten Tili und ich neuen Mut.

Die Schöne mit der blauen Schärpe am Gewand steckte uns Leckerbissen zu. Dabei kümmerte sie sich deutlich mehr um mich als um Tili.

„Gesandter aus Hatti, du hast ja Sonnenhaar wie Usermaatre Setepenre“, sagte sie leise zu mir. „Ist es dein eigenes Haar?“

„Es ist keine Perücke“, beeilte ich mich zu versichern. Zart strichen ihre Finger durch mein rotes Haar, auf das ich plötzlich sehr stolz war.

„Probiert von den eingelegten Lotosknospen“, bat sie. „Und das ist ein Stück Kranichbrust.“

Missmutig knabberte Tili daran.

6 ninda – *hethitisch: Brot*

„Sei vorsichtig“, warnte er mich leise. „Ich halte sie für eine Spionin.“

Betäubt vom Duft des Parfümkegels auf dem Lockenhaar, konnte ich kaum noch denken. Ja und wennschon, dann war sie eben eine Spionin. Ich hatte zu viel Wein getrunken und musste dauernd lachen.

„Sonnenhaar“, lallte ich.

Die Zwerge wurden von einer Musikantengruppe abgelöst. Unter den Klängen der Trommeln und Flöten ging im Westen die Sonnenscheibe unter. Alle erhoben wir die Hände und verabschiedeten sie.

So betrunken ich auch war, zurück in Samuts Haus, befestigte ich das Papyrusröllchen mit der Botschaft für den Wettergott auf dem Rücken des roten Täuberichs und ließ ihn zum Fenster hinaus. Mit unsicheren Schritten tappte ich zu meinem Bett. Der Rote würde den Weg zurück nach Hatti finden.

Die Königsresidenz Piramesse

Das neue Piramesse (eigentlich „Per-Ramessu-aa nachtu“, Haus des Ramses, groß an Siegen) entstand im östlichen Nildelta in der Nähe der früheren Stadt der Hyksos, der Fremdherrscher, die Ägypten von ca. 1650 bis 1542 v. Chr. regierten, mit der Hauptstadt namens Auaris im Nildelta. Hier hatte Ramses' Vater, Pharao Sethos I. (reg. 1290–1279 v. Chr.), einen Sommerpalast gehabt, der nun ausgebaut wurde.

Der Hafen der neuen Hauptstadt lag nahe dem Zusammenfluss zweier Nilarme. Der östliche Nilarm floss durch den „See der Residenz“. Dieser erinnerte an die Seeschlacht zwischen dem Befreier Ägyptens und den Hyksoseroberern.

Überreste von Kolossalstatuen wie dieser findet man heute nicht mehr im antiken Piramesse sondern in Tanis.

Die Hauptstadt war völlig von Wasser umschlossen. An den Enden zweier großer sich kreuzender Straßen ließ Ramses den Palast und drei Heiligtümer erbauen.
Vor dem Palast wurden vier Kolossalstatuen aufgestellt, jede von ihnen über 21 Meter hoch, die größten frei stehenden Statuen Ägyptens. Vor diesen Götterstatuen in Gestalt des Königs konnte jeder einzelne seine Bitten an die Götter weitergeben.
All diese Bauten standen unter der Leitung des „Bauleiters seiner Majestät" namens Mai, eines hohen Offiziers des Ramses. Mai scheute bei den Arbeiten keine Mühe. Er begleitete seine Bautrupps bis hinunter zu den Granitsteinbrüchen in Assuan. Dort wurden die meisten Obelisken für Piramesse herbeigeholt. Mai diente nach dem Tod des Ramses auch noch dessen Nachfolger, Pharao Merenptah.
Doch zu der Stadt gehörten nicht nur Gebäude. Es wurden auch Gärten angelegt und neue Obstgärten, bepflanzt mit Apfel- und Birnbäumen aus dem Nahen Osten. Die Dichter besangen diese prächtigen Anlagen.
Die meisten der prächtigen Steingebäude und Statuen von Piramesse wurden in der 21. Dynastie (etwa seit 1069 v. Chr.) abgebaut und als Baumaterial für die neue Hauptstadt Tanis fortgeschleppt. Deshalb hielten die Archäologen lange Zeit die Ruinenstätte Tanis im Nildelta für das berühmte Piramesse. Erst neuere Ausgrabungen brachten den Nachweis, dass Piramesse in der Nähe von Qantir lag. Dort sind heute nur noch spärliche Reste zu besichtigen.

Wohnen zur Zeit des Ramses

Im Gegensatz zu den aus Stein erbauten Tempeln der Götter haben nur selten Wohnhäuser der alten Ägypter überdauert. Sie waren aus vergänglichem Material errichtet, luftgetrockneten Lehmziegeln, Holz und Binsen.
Die mehrstöckigen Häuser der Vornehmen ahmten den Palast des Pharaos nach und waren mit Mauern umgeben. Sie hatten eine mit Säulen geschmückte Eingangshalle und auch vor der Außenfassade einen Säulengang, ähnlich einem Tempel. Frauengemächer und Wohnräume lagen meist im Obergeschoss. Hinter dem Wohngebäude hatte ein solches Haus mehrere Höfe. Ganz hinten befanden sich Wohnungen für das Personal. Auch einfachere Häuser hatten solche Höfe für den runden Getreidespeicher und die offene Küche. Meist führte eine Treppe aufs Dach, auf dem man in der heißen Jahreszeit gerne schlief. Der Trinkwasserversorgung diente ein gemauerter Brunnen.
Zu den größeren Häusern gehörten ausgedehnte Gärten mit Schatten spendenden Bäumen. Darin befanden sich oft ein Teich und ein Gartenpavillon, in dem man essen und feiern konnte.
Die Möbel im Haus waren meist aus Holz oder Flechtwerk. Auch Binsen waren ein vielfach genutztes Material. Es gab Tische, Stühle und Schemel. Erhöhte Betten waren notwendig, um sich gegen Skorpione und Schlangen zu schützen. Die Tische waren klein und nur für eine oder zwei Personen berechnet.

Auch Teppiche und Wandbehänge schmückten die Häuser. Die Wände von Bad und Toilette waren weiß gekalkt, die der Wohnräume oft farbig bemalt. Ein Bad im Haus mit einer Duschmöglichkeit hatte die Oberschicht. Schließlich wusch man sich mehrere Male am Tag, morgens nach dem Aufstehen und vor und nach den Hauptmahlzeiten.
Die Küche lag im hinteren Teil des Hauses, in vornehmen Villen auch in einem Nebengebäude. Sie befand sich in einem offenen Hof, damit der Rauch des Herdfeuers abziehen konnte. In ihm gab es einen Mahlstein zur Herstellung von Mehl, eine gemauerte Feuerstelle zum Kochen und Grillen sowie ein Backofen für Brot und Kuchen. Beim Kochen musste der Koch den Feuerwedel betätigen, um den Rauch von sich abzuhalten. In großen und kleinen Tongefäßen bewahrte man Getränke, Getreide, Öl und konserviertes Fleisch. Zusätzlich gab es einen unterirdischen „Kühlraum“ für verderbliche Speisen.
Man achtete auf Sauberkeit. Um Flöhe fernzuhalten, versprengte man Natronwasser und strich zerriebenes Flohkraut auf die Wände.

Die Handwerkersiedlung Deir-el-Medineh ist ein berühmtes Beispiel für ägyptische Wohnkultur.

Essen, Einladungen, Vergnügungen, Kleidung

Nationalgetränk der Ägypter war das Bier. Selbst Schulkinder nahmen als Mahlzeit Brot und Bier mit zum Unterricht. Das Bier wurde aus Gerste oder Weizen und Datteln zubereitet.

Die Ägypter waren große Fleischesser. Sie hielten verschiedene Sorten Rinder. Im Nildelta wurden auch Schweine, Ziegen und Schafe gezüchtet. Darüber hinaus verzehrte man Gänse, Tauben, Enten und Wasservögel aus den Sümpfen. Besondere Leckerbissen: Wachteln und Kraniche.

Im Königspalast kam kein Fisch auf den Tisch. Geweihte Personen, Priester und König, durften ihn nicht essen. Ebenso war Fisch beim Totenmahl verboten. Ansonsten aber verspeiste die Bevölkerung die zahlreichen Fische aus dem Nil, den Deltasümpfen und dem Fayum-See*.

Es gab mehrere Salatsorten, Knoblauch, Zwiebeln und Lauch. Bohnen und Kichererbsen wurden zwar angebaut, durften aber zu bestimmten Zeiten nicht gegessen werden.

An Obst kannte man Datteln, Trauben und Feigen, außerdem Granatäpfel und Äpfel. Auch Melonen wurden verzehrt. Bananen und Zitrusfrüchte waren unbekannt. Pfirsiche, Kirschen und Mandeln kamen erst viel später, in römischer Zeit auf. Die Ärmeren kauten gerne das Innere der Papyrusstängel.

Gesüßt wurde mit Honig und den Früchten vom Johannisbrotbaum. Die Honigsucher waren ein eigener Berufsstand.

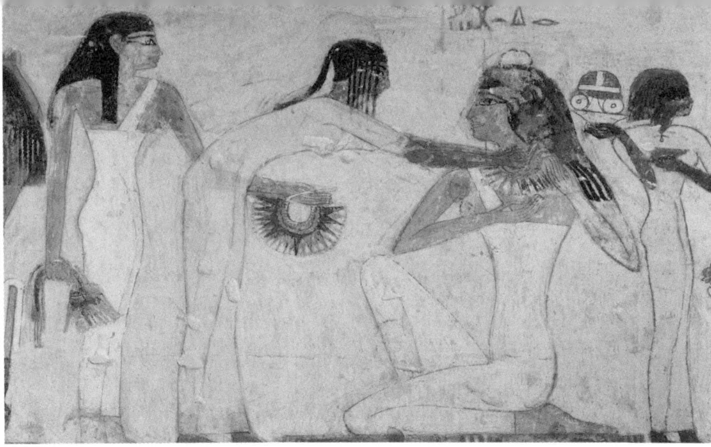

Sie suchten in der Wüste nach dem Honig wilder Bienen. Es wurden aber auch schon Bienen in Gärten gehalten. Als „Körbe“ dienten Tongefäße.

Bei Einladungen brutzelten Gänse und Enten auf dem Rost. Obst wurde pyramidenartig auf Schalen und Körbe aufgebaut. Getränke wurden in Tonkrügen und Alabastergefäßen kühl gehalten.

Diener überreichten den Gästen Lotosblumen und setzten ihnen einen Parfümkegel aus weißer Fettpaste auf den Kopf. Im Laufe des Abends schmolz er langsam dahin und verbreitete Wohlgerüche. Auch die Dienerinnen hatten diese Salbkegel im Haar, während sie ihre Arbeit verrichteten.

Hauptsächliches Kleidungsstück des Ägypters war der Schurz. Sandalen gehörten ebenfalls zur Ausstattung. Sie waren ähnlich konstruiert wie heutige Flip-Flops und wurden hinter der Ferse geknotet. Es gab sie aus geflochtenem Papyrus*, aus Leder und sogar aus Gold. Sie waren ein Statussymbol – man zog sie erst an, wenn man angekommen war. Auf dem Weg ging man barfuß und trug die Sandalen an einem Stock mit sich.

Junges Mädchen legt einem Gast mit Parfümkegel im Haar eine Lotosblumenkette um den Hals.

Die zweite Taube: Urchi-Teschub – der Feind des Friedens

Die Nacht verbrachten wir im Obergeschoss des Hauses von Schreiber Samut. Die Wände unseres Schlafzimmers waren mit Weinreben bemalt. Es kam mir vor, als begäbe ich mich in einem Garten zur Ruhe. Statt auf ein Kopfkissen musste ich mein Haupt auf eine hölzerne Kopfstütze legen. Auch aus einem anderen Grund schlief ich unruhig. Die fette Katze umschlich den Käfig mit den Tauben. Durch das Hin- und Herflattern der Vögel erwachte ich mehrmals und jagte die schwarze Räuberin fort. Ich rückte den Käfig näher an mein Bett, legte eine Hand auf ihn und schlief schließlich ein.

Am Morgen weckten uns zwei Diener mit Fliegenwedel und Fächer und waren uns beim Waschen und Ankleiden behilflich. Während sie uns kämmten und die Zehennägel schnitten, wurde ein kleiner Tisch vor uns aufgestellt. Unser Frühstück! Kühles Bier in Tonbechern, frisches Brot in hohen Scheiben und Tellerchen mit gebratener Entenbrust, dazu Melonenstücke. Ich hielt die Nase an das helle Brot mit der Kruste. Wir gossen Bier über das Geflügelfleisch und tunkten das Brot in die Brühe.

„Den Rest meines Lebens will ich in diesem Land der Götter zubringen", rief Tili aus. „Hast du jemals besseres Brot gegessen?"

Ich verneinte und rieb mir Mund und Hände an einem weißen Tuch sauber.
Dann warf ich den Tauben Körner in den Käfig und erneuerte das Wasser in ihrem Napf.
Wenig später erschien Samut. Er klatschte in die Hände.
„Auf, auf, Elende!", rief er. „Habt ihr die Rollen mit den Namen von Usermaatre Setepenre? Usermaatre hält seine Audienz. Senkt die Augen, wenn er vor euch erscheint. Kein Sterblicher darf ihm ins Auge sehen!" Mit strengem Blick prüfte er, ob unsere Kleidung richtig saß. Wir trugen jetzt unsere hethitischen langen Gewänder und hatten das Haar nach hinten gekämmt. Ich hielt die Tafel mit den Grüßen des Königs und der Königin von Hatti, auf der auch die Geschenke für den Pharao verzeichnet waren.
Vor dem Haus warteten unsere Diener mit den hoch beladenen Eseln. Samut schritt voran. Wir folgten ihm über die belebte Straße hin zum Palast. Das Wasser des Kanals schimmerte im Sonnenlicht. Enten flogen über uns am Himmel.
Tili stieß mich in die Seite. „Die Schafe, siehst du sie?"
Inmitten des bunten Treibens trappelte eine Schafherde über den großen Platz vor dem Palast, ein junger Hethiter trieb sie an einem Schreiber vorbei durch ein Tor. Bei jedem zehnten Tier setzte der Schreiber einen Strich auf die Liste vor sich. Blökend sprangen die Lämmer um ihre Mütter. Die Tiere mit ihren schwarzen Gesichtern waren ein prächtiger Anblick. Gut, dass sie rechtzeitig eingetroffen waren.

Einzelne Trupps von Soldaten paradierten vor dem Palast. Streitwagen rollten vorüber und dazwischen bewegten sich Hirten mit Rinderherden und trägen Büffeln. Würdevoll schritten syrische und mitannische Gesandte vor ihren Schirmträgern einher. Auch ägyptische Priester, leicht zu erkennen an den kahlgeschorenen Köpfen, langen Gewändern und weißen Sandalen, waren unterwegs. Nubische Polizisten wiesen die Ankommenden zu verschiedenen Stellen vor dem Palast oder ließen sie eintreten.

Tili erriet meine Gefühle. „Unsere Königsburg in Hattuscha ist auch ein großartiger Platz“, sagte er.

„Denk nur an die klare kühle Luft oben in den Bergen bei uns. Und schließlich haben wir sogar den roten Weg für die vornehmen Gäste.“

„Der rote Weg ist einmalig auf der Welt", stellte mein Cousin fest. Wir gingen an den Wachsoldaten vorbei durch das Portal des Großen Palasts und fühlten uns klein angesichts der riesigen Statuen des Pharaos. Mit wichtiger Miene schritt Samut voran. Plötzlich winkte er und verneigte sich.

Ein Mann in einem plissierten Schurz und sonnenverbranntem Oberkörper, jedoch mit hethitischer Haartracht kam auf uns zu. Lächelnd sah er auf uns nieder und begrüßte uns in der Sprache von Hatti. Die goldenen Spangen an seinen Armen ließen erkennen, dass er hohe Ehren am Hof genoss.

Tili stieß mich in die Seite. Jetzt erkannte auch ich den zum Ägypter gewordenen Hethiter. Es war der Aufrührer Urchi-Teschub, den unser König Hattuschili aus gutem Grund verbannt hat. Sieben Jahre lang hat Urchi-Teschub als Nachfolger seines Vaters regiert. Murschili III. nannte er sich. Sein Onkel Hattuschili, der starke General, half ihm dabei. Dann aber wurde der junge Neffe undankbar und wollte dem Onkel alle Ämter nehmen. Gut, dass der Onkel so stark war. Gut, dass er den undankbaren jungen Neffen überwand. Gut, dass er den Thron übernahm. Edel, dass er Urchi-Teschub leben ließ. So wünschen es die Götter.

„Ah", sagte ich. „Brot und Bier."

Er lachte. „Brot und Bier auch für euch, Gesandte. Was führt euch hierher?"

„Wir haben eine Botschaft aus Hattuscha für Usermaatre Setepenre, die wir verlesen wollen."

„Vielleicht kann ich euch behilflich sein“, sagte Urchi-Teschub in angeberischem Ton. „Wie geht es meinem Onkel, dem König?“

„Ihm und der Königin geht es gut. Auch seinen Wagen geht es gut. Seinen Pferden und den Soldaten ebenfalls.“

„Und die Krankheit? Und die Hungersnot?“

„Die Seuche ist so gut wie besiegt. Es gibt auch nur noch wenig Hunger“, stellte Tili klar.

„Boten haben berichtet, wie viele Menschen in Hattuscha gestorben sind.“

„Wahre Worte sprechen wir“, sagte ich. „Wir sind gekommen, um Usermaatre Setepenre schönen Frieden und Brüderschaft mit dem König anzubieten.“

Urchi-Teschub lächelte spöttisch. Jedenfalls schien es mir so. „Ich bin ein Bruder der Ägypter geworden“, sagte er. „Vielleicht sendet Usermaatre Setepenre mich bald zurück in das Reich Hatti.“

Es klang wie eine Drohung. Hoffte er etwa, den Thron von Hatti wiederzugewinnen? Die Höflichkeit gebot uns zu schweigen. „Kommt“, forderte uns Samut auf und ging weiter mit uns durch die Säulenreihe. Die glasierten Kacheln unter unseren Füßen glänzten wie das Gefieder eines Pfaus und glatt waren sie auch. Man musste sich vorsichtig bewegen, um nicht auszurutschen. Ich sah mich um nach Urchi-Teschub. Er stand immer noch vor der Papyrussäule* und lächelte in sich hinein. Wir traten in einen Seitenraum. Auf einem Podest in der Mitte saß ein Schreiber mit plissiertem Schurz und goldenem Brustschmuck. Eine schwarze Lockenperücke gab ihm ein Ehrfurcht gebietendes Aussehen. Samut verneigte sich tief. Auch wir verbeugten uns fast bis zur Erde.

„Das ist Setau“, wisperte Samut. „Lies deine Tafel vor, Elender.“ Auf dem Boden vor dem Podest kniend, zog ich die Tafel mit dem Brief meines Königs hervor. Langsam und mit schöner Betonung trug ich vor.

Bei der Geschenkeliste hielt ich nach jedem einzelnen Posten inne und sah zu Setau hin. Er hatte eine Rolle in der Hand und nickte bei jedem einzelnen Gegenstand.

Bei den Worten „und ein eisernes Schwert aus Hatti für Usermaatre Setepenre“ unterbrach mich Setau.

„Gut hat der König von Hatti getan, Usermaatre Setepenre ein eisernes Schwert zu senden. Schreib auf, er möge Usermaatre Setepenre zwei weitere in gleicher Art senden und einen Handwerker, der die Kunst der Metallbearbeitung beherrscht."
Eilig schrieb ich auf eine Holztafel nieder, was er verlangte. Freude auf seinem Gesicht war auch bei der Erwähnung der Schafherde zu erkennen. Als ich geendet hatte, sprach er mich freundlich an.
„Gesandter aus Hatti – wo sind die Pferde?"
Ich verstand den Wunsch des ägyptischen Würdenträgers sofort und antwortete: „Sie sind noch nicht angekommen. Fünf herrliche Gespanne aus dem Gestüt des Königs von Hatti."
Schickt also bitte unverzüglich und in aller Eile noch fünf Gespanne für den Pharao nach Ägypten. Für den Frieden sind fünf Gespanne nicht zu viel.
„Mehrere Wagenladungen von Getreide werdet ihr erhalten für die Speicher in Hattuscha", verkündete Setau schließlich. „Geht jetzt. Verlest euren Brief vor Usermaatre Setepenre und hört seine Antwort."
Mein Herz schlug schneller, als Samut uns nun vor den König Ägyptens führte. Wir durchschritten zwei Höfe und erreichten schließlich einen weiteren Pylon* mit einer riesigen Statue des Pharaos, so hoch wie zehn Männer übereinander, aus schwarzem Granit.
Ebenso wie Samut warfen wir uns vor ihr nieder und stimmten in den Gesang mit den Namen des Pharaos ein.

„Und nun sprecht!“, forderte uns der Schreiber auf.
„Aber wo ist der Pharao?“, flüsterte ich ihm zu.
Ich hatte eine Dummheit begangen. Er versetzte mir einen Tritt ans Schienbein und so zog ich wieder die Tafel hervor und trug den Text darauf vor, diesmal mit noch besserer Betonung, jedes Wort laut und deutlich für die Ohren von Usermaatre Setepenre.
Eine Schar von Tänzerinnen in leichten Gewändern tauchte auf. Einige von ihnen hielten Klappern und Zimbeln in den Händen. Sie tanzten und sangen, während Tili und ich immer noch im Staub vor der riesigen Statue des Herrschers lagen.

„Du bist wie Re, in allem, was du tust.
Was dein Herz möchte, tritt ein.
Wenn du irgendetwas in der Nacht wünschst,
so geschieht es sofort am Morgen
und man handelt nach deinem Herzen.
Gibt es ein fernes Land, das du nicht kennst?
Wer ist so wissend wie du?
Wo ist der Platz, den du nicht gesehen hast?
Kein Fremdland gibt es, das du nicht durchschritten hast.
Alle Dinge gelangen an deine Ohren, seit du dieses Land verwaltest.
*Deine Zunge ist ein Altar der Maat**,
ein Gott sitzt auf deinen Lippen.
Du wirst immer sein,

nach deinem Ratschluss wird man handeln
und auf alles hören,
was du angeordnet hast, oh König, unser Herr.“

Die Mädchen huschten durch einen Seiteneingang davon. Durch eine Tür auf der anderen Seite traten vier Männer ein. Sie trugen das Gewand der Generale und ein Schwert am Gürtel. Sie blieben in einem gewissen Abstand vor uns stehen, schlugen die Hacken zusammen und hoben grüßend eine Hand in unsere Richtung.

„Dieser ist Amunherchepeschef, der Oberbefehlshaber der Armee des Re“, flüsterte Samut mir zu. Wir hatten uns in eine kniende Haltung erhoben und verbeugten uns erneut, diesmal vor dem erstgeborenen Sohn des Pharaos, der die Armee Ägyptens befehligte. Er war rothaarig, schlank und groß und erinnerte mich an seinen Vater, den Wagenlenker, dem ich bei Kadesch begegnet war.

Zu meiner Überraschung beugte er sich zu mir nieder und legte mir einen goldenen Halsschmuck um den Hals.

„Nimm dies, Schubili, als Dank für den Wasserschlauch, den du Usermaatre Setepenre vor 16 Jahren gereicht hast.“

„General Urchia“, zischte Samut, als der neben Amunherchepeschef stehende ältere General sich uns näherte.

Urchia ergriff meine Arme und legte wortlos goldene Spangen um sie. Tili neben mir wurde sichtlich unruhig. Doch nun trat der dritte General, ein riesiger muskulöser Kämpfer, zu ihm und legte die gleichen goldenen Spangen um seine Arme. Dabei lächelte er freundlich. Tili begann zu strahlen. Ich fasste wieder Hoffnung für den Friedensvertrag. Man war uns freundlich gesinnt.

„Erhebt euch“, befahl Amunherchepeschef, „Ihr könnt jetzt am Erscheinungsfenster[*] warten, bis euch die Sonne erscheint.“

Wir bedankten uns. Diesmal hielt Tili die Dankesansprache. Daraufhin zogen sich die vier Generäle des Königs zurück. Samut folgte einem Palastbeamten, der einen Wedel in der Hand hielt. Wir schlossen uns an. Durch einen langen Gang kamen wir wieder ins Freie und standen vor einem See, auf dem Enten und Schwäne schwammen.

Mit energischen Schritten führte uns Samut weiter zu einem Platz vor dem Gebäude, auf dem schon zahlreiche Menschen warteten, die meisten waren Gesandte aus Fremdländern, Syrer, Libyer und Nubier. Vor Samut wichen sie zurück und so befanden wir uns schließlich in der ersten Reihe der Wartenden. Zwei Harfenspieler spielten ägyptische Musik. Plötzlich richteten sich alle Blicke nach oben zu einem Balkon vor einem riesigen Fenster. Der glitzernde Rahmen des Erscheinungsbogens war mit Gold, Lapislazuli und Malachitsteinen bedeckt. „Der Pharao kommt!" Mit diesen Worten drückte Samut uns auch schon zu Boden. Wieder berührte meine Stirn den Sandboden. Die Musik war verstummt. Vorsichtig äugte ich nach oben. Und nun sah ich ihn, die Sonne Ägyptens. Im Edelsteinbogen erschien mit ausgebreiteten Armen Usermaatre Setepenre, auf seinem Haupt die rote Doppelkrone der beiden ägyptischen Länder, in den Händen Geißel und Krummstab aus Gold und Lapislazuli. Bekleidet war er mit dem goldgeschmückten Schurz, an dessen Seite der Stierschwanz, eines der Herrschaftsabzeichen des ägyptischen Königs, herabfiel. Um seine Schultern hing ein leichter weißer Mantel. Den Oberkörper schmückte fächerförmiger Goldschmuck. Das Abbild des Sonnengottes stand erhöht auf einem Podest. Ramses lächelte zu uns hinab. Etwas hinter ihm tauchten mit erstarrten Gesichtern Wedelträger auf, Generäle und der Kronprinz Amunherchepeschef.

Obwohl der Pharao ein hochgewachsener Mann war und er-

höht stand, wirkte er jetzt doch wie ein Mensch, anders als all die Kolossalstatuen vor dem Palast, in den Innenhöfen und vor den Tempeln der Stadt.
Wir alle sangen das Loblied mit den Namen des Pharaos.
Als wir geendet hatten, begann er, laut und deutlich mit uns zu sprechen.
„*Hemi*[7]“, begann er, „meine Majestät möchte, dass ihr einen schönen Tag feiert. Geht zum Pavillon am großen See und lasst euch Brot und Bier schmecken.“
Alle begannen zu jubeln und riefen Dankesworte. Doch Hem, seine Majestät, hatte sich bereits entfernt. Ein Vorhang schloss sich vor dem Erscheinungsfenster. „Kommt, Elende, lasst uns feiern“, rief Samut und führte uns zum großen See, wo im Schatten der Dattelpalmen Tische mit Getränken und Erfrischungen aufgebaut waren. Auf einer Tribüne spielten Musikanten Flöte, Harfe und Laute. Diener reichten uns Gefäße mit dunklem Wein. Nach den ersten Schlucken erkannte ich die Schöne, die mich gestern mit Leckerbissen gefüttert hatte.
„Gefällt es dir bei uns?“, fragte sie, nahm meinen Arm und führte mich zu einer Ruhebank.
„Das ist der beste Wein, den ich je getrunken habe“, sagte ich. „Dabei haben wir auch in Hatti guten Wein. Woran liegt es, dass er so einmalig schmeckt?“
Nefermerit lächelte. „Ich verrate dir das Geheimnis dieses Weins, Gesandter.“ Sie lehnte sich etwas vor und flüsterte: „Der blaue Wein wird in Pflanzlöcher gesetzt, in die Nilschlamm gefüllt

7 hem, hemi – *ägyptisch für „Majestät, meine Majestät“*

ist. Regelmäßig wird er mit Mist und Pferdeurin aus dem Marstall des Königs gedüngt."
Ich beeilte mich, ihre Worte auf meiner Schreibtafel festzuhalten. Pferdeställe haben wir schließlich auch in Hattuscha. Ja, es ging hier anders zu als im Reich Hatti. Der König von Hatti ist ein Mensch, der sich um die

Gunst der Götter bemüht. Er wird krank, er irrt sich, er macht Fehler. Dagegen ist der König von Ägypten das Abbild der Sonne auf Erden, der Sohn der Sonne, unendlich weit entfernt von den Menschen. Eben die Sonne. Unfehlbar, unnahbar, unsterblich – denn nach seinem Tod kehrt er zu seinen göttlichen Vorfahren zurück und wird für alle Zeiten ein Gott.

„Lass uns zu Samuts Haus gehen", schlug Tili vor, der uns gefolgt war. „Es war ein anstrengender Tag."

„Piramesse ist ganz anders als Hattuscha", sagte ich. „Wo du hinsiehst, Gold, glänzende Steine. Wo du deine Nase hinhältst, Parfüm, Weihrauch, Myrrhe."

„Und schöne Spioninnen." Tili schlug mir auf den Oberarm. „Sie hat dir den Kopf verdreht."

„Ob wir wohl noch Gelegenheit haben, näher an den Pharao heranzukommen?", überlegte er dann.

„Sieht nicht danach aus", seufzte ich. „Göttern auf Erden darf man nicht zu nah kommen."

Schweigend gingen wir zu Samuts Haus zurück. Kurz vor der Tür murmelte Tili: „Aber wir haben den roten Weg vor der Empfangshalle in Hattuscha."

Ich fasste den Bericht über diesen ereignisreichen Tag auf einem Papyrusröllchen zusammen, band die Botschaft der schwarzen unruhigen Taube ins Gefieder und trug sie ans Fenster unseres Schlafraums.

Alltag eines Pharaos

Das Leben des Königs von Ägypten war streng geregelt. Frühmorgens nach dem Wecken sah er die eingegangenen Briefe durch. Nach dem Bad legte er die Zeichen seiner Würde an, brachte den Göttern ein Opfer und hörte den Gebeten und Belehrungen der Oberpriester zu. Daran schlossen sich Audienzen, Rechtsprechung, Spaziergänge und Vergnügungen an.

Schon in seiner Jugend war Ramses mit seinen Freunden zusammen sportlich trainiert worden. Keiner von ihnen durfte essen, bevor er nicht den täglichen Dauerlauf zurückgelegt hatte. Wie seine Vorgänger übte er sich auch im Bogenschießen und war ein guter Ruderer. Auch Reiten und das Lenken des Streitwagens gehörten zum Programm. Zur Beratung mit seinen Großen nahm Ramses auf dem goldenen Thron Platz. Durch seinen Siegelbewahrer ließ er die vor dem Saal wartenden Ratgeber rufen. Kaum jemandem war es in Anwesenheit des Herrschers erlaubt zu sitzen.

Die Eintretenden küssten den Boden und wagten nicht, das königliche Antlitz anzusehen, während ihnen mitgeteilt wurde, worum es ging. Sie mussten weiter in Anbetungshaltung auf dem Boden verharren, denn der Pharao stellte die göttliche Würde dar. Die Distanz zwischen ihm und dem gewöhnlichen Menschen war viel größer, als wir uns heute vorstellen können. Wir sehen sie auch in der Darstellung der Großen Königsgemahlin Nefertari, in Hatti

„Naptera" genannt, die immerhin auch als Göttin galt. Ihre Figur erscheint winzig neben der ihres Gemahls Ramses.

Nach der Ansprache des Pharaos wäre es unhöflich gewesen, mit Ratschlägen zu antworten. Stattdessen sangen die Ratsherren Lobeshymnen auf die Weisheit des Königs. Ruhm für staatspolitische Maßnahmen oder wichtige Bauten kam allein dem König zu. Dennoch gab es den Gedanken- und Meinungsaustausch mit dem Kronrat.

Eine wichtige Aufgabe des Herrschers war die Ernennung hoher Beamter und Würdenträger. Besonders bedeutend war die Auswahl des Oberpriesters des Amun. Vor der Ernennung beriet sich Ramses mit dem Gott selbst. Die Kandidaten, Höflinge, Heerführer und Würdenträger mussten vortreten. Zugleich wurden ihre Namen genannt. Erst wenn der Name des Erwählten fiel, stimmte der Gott zu. Danach übergab Ramses dem neuen Oberpriester zwei Goldringe und einen Stab aus vergoldetem Silber. In ganz Ägypten wurde verkündet, wer nun Gott Amun vertrat.

Von einem Balkon im Palast aus verteilte der Pharao Belohnungen und Auszeichnungen. Solche Geschenke – meist Gold – für verdiente Bürger erhielten auch Frauen.

Ausländische Gesandtschaften wurden auf einem großen

Darstellung des jungen Ramses mit Kinderlocke

Platz vor dem Palast empfangen. In seiner Mitte war ein Pavillon für den König errichtet. Um diesen herum bildeten Schirmträger, Wachen und Schreiber einen Kreis. Die Abgesandten stellten sich am Rand mit ihren Geschenken auf. Die Schreiber verzeichneten die mitgebrachten Kostbarkeiten. Dann ließen sie die Gaben zum Speicher des benachbarten Tempels tragen. Umgekehrt erhielten die Diplomaten* üppige Gegengaben für ihre Heimatländer.
Ab und zu begnadigte Ramses auch Schuldige. Dabei war es üblich, dass seine Kinder und die Große Königsgemahlin die Begnadigung vorbereiteten.
Regelmäßig unternahm Ramses Inspektionsreisen durch Ägypten. Ihn interessierten die Baustellen seiner Tempel. Sogar die Steinbrüche betrat er persönlich. Auch bei solchen Besuchen lagen die Menschen huldigend auf dem Boden und sangen den Hymnus *Pass auf Erde, der König kommt.*
Ramses bemühte sich auch darum, dass die Arbeiter in den Steinbrüchen gerecht entlohnt wurden.

Königs- und Götterfeste

Anders als bei uns feierten die Ägypter kaum private Feste. Geburtstage und Hochzeiten spielten keine große Rolle. Bei der Geburt eines Kindes oder einem Todesfall nahm man sich einen Tag bei der Arbeit frei.
Stattdessen feierten sie gemeinschaftliche Feste – „sich einen schönen Tag machen" bezeichnete man das in ägyptischer Sprache. Alkoholische Getränke, Parfüms und Wohlgerüche, üppiges Essen und Musik gehörten dazu.
Das Jahr gliederte sich in die drei Jahreszeiten „Überschwemmung" (achet), „Aussaat" (peret) und „Ernte" (schemu) zu je vier Monaten. Am Oberlauf des Nils gab es jeden Sommer starke Regenfälle. Sie lösten die jährliche Nilschwemme aus, die fruchtbaren Schlamm hinterließ. Dieser führte zu reichen Ernten und hielt die Feuchtigkeit im Boden.
Der Jahresbeginn im Hochsommer war das erste Fest: Jetzt nämlich setzte die Nilflut ein und das Gestirn des Sirius, bei den Ägyptern die Göttin Sothis, erschien wieder am Himmel.
Auch bei den weiteren Götterfesten des Jahres wurden die Götterbilder aus den Tempeln geholt und mit Tanz und Musik in großen Prozessionen von den Priestern auf mit Haltestangen versehenen Barken durch den Ort getragen. Es gab funktionstüchtige, aber auch Miniaturbarken, die Verstorbenen mit ins Grab gelegt wurden.
Bei diesen Prozessionen konnte sich der gewöhnliche

Mensch mit seinen Sorgen und Nöten an die Gottheit wenden und ihr Fragen stellen. Bestimmte Bewegungen der Barke galten als Antwort.

Die Götterbarken konnten auch auf richtige Nilschiffe verladen werden und andere Götter besuchen. So reisten die Liebesgöttin Hathor* und der Falkengott Horus* alljährlich zueinander.

Für die Götter wurden zahlreiche Tempelfeste begangen, jedes Jahr am selben Tag. Festkalender an den Tempelwänden informieren uns darüber.

Mehrtägig war auch das „Schöne Fest vom Wüstental". Hierbei zog die Barke des Amun vom Karnaktempel am östlichen Ufer ans andere Nilufer nach Deir el-Bahari und dann weiter zu den königlichen Totentempeln. Bei diesem

Die Sonnenbarke: Göttin Isis, gefolgt von Thot (Ibiskopf) und dem skarabäusköpfigen Chepri

Fest des Reichsgottes wurde auch für die Verstorbenen aus dem einfachen Volk gefeiert. Mit jeder Menge alkoholischen Getränken wurden die Begräbnisstätten aufgesucht und im Vollrausch versuchte man, den Toten nahezukommen.
Jeder Herrscher feierte 30 Jahre nach Regierungsantritt das Sed-Fest. Es sollte der Öffentlichkeit zeigen, dass der Pharao noch körperlich imstande war, das Land zu regieren. Der Regent musste vor aller Augen einen Wettlauf absolvieren und im Tempel verschiedene Auffrischungs- und Verjüngungsrituale ausführen. Ramses wiederholte dieses Fest mit großem Aufwand alle drei Jahre. In seinem langen Leben kam er auf über zwölf Sed-Feste. Gerne lud er dazu auch ausländische Gäste und Gesandtschaften ein. Kronprinz Chaemwese organisierte einige dieser Feierlichkeiten.
Schließlich wurden große Feste gefeiert, wenn der Pharao verdienten Bürgern den „Ehrengoldkragen", einen Halsschmuck aus purem Gold, überreichte. Diese Auszeichnung wurde unter Einbeziehung der Öffentlichkeit verliehen.
Seinen Abschluss fand das Jahr am letzten Tag des vierten Erntemonats mit dem Lampenfest, bei dem nach einem besonderen Abendessen Lichter angezündet wurden.

Die dritte Taube: Brot und Bier bei Naptera

Re-Harachte* ergoss seine Strahlen in unser mit Weinranken bemaltes Zimmer. Die Katze schlich um den Taubenkäfig herum. Sofort war ich hellwach. Von Brot und Wein gesättigt, hatten wir wunderbar geschlafen. An die Kopfstützen hatten wir uns inzwischen gewöhnt.

Wir setzten uns auf, griffen nach den Schreibtafeln und sahen uns sorgenvoll an.

„Es gefällt mir gar nicht, dass Urchi-Teschub, der Feind unseres Königs, in Piramesse ein angesehener Mann ist“, murmelte ich.

„Was meinst du? Wollen die Ägypter den Frieden? Oder werden sie uns ohne den Vertrag zurückschicken?“, fragte Tili und kämmte sich das Haar nach hinten. „Sie haben unsere Geschenke angenommen, noch mehr angefordert und uns Getreide in Aussicht gestellt. Und man ist dir dankbar, Schubili. Das war ein gutes Zeichen.“

„Ich glaube, wir müssen sie noch überzeugen.“

„Aber wir haben einen mächtigen Feind.“ Tili hielt im Kämmen inne.

„Urchi-Teschub? Überlass ihn mir!“

„Was soll das heißen?“ Tili sprang vom Bett auf. Er kannte mich gut genug, um zu ahnen, was ich plante.

„Glaub mir, es gibt Mittel und Wege –“

„Mach keine Dummheiten, Schubili."
Die Tür öffnete sich. Der Diener stellte den Wasserkrug auf den Boden und nahm meinem Cousin den Kamm aus der Hand. Ein anderer brachte ein Tischchen herbei, auf dem unser Frühstück stand. Wir griffen sofort zu den duftenden Brotschnitten. Während wir noch kauten, trat Samut ein und begrüßte uns.
„Dürfen wir, gnädiger Oberschreiber, heute vor die Gemahlin des Auserwählten des Re, Naptera, treten und ihr die Geschenke des Wettergotts überreichen?", fragte ich.
„Das wird schwierig sein", sagte Samut. „Die Große Königsgemahlin hat wenig Zeit. Einfacher wäre es, die Geschenke am Magazin dem Schreiber zu übergeben."
„Hilf mir, Teschub", stieß ich hervor.

„Hör auf zu spucken, Elender." Unsanft schob Samut mich mitsamt dem Stuhl, auf dem ich saß, von sich weg.
„Wir müssen der Großen Königsgemahlin die Geschenke des Wettergottes übergeben."
„Kannst du nicht sprechen, ohne deinen Speichel zu versprühen?" Doch dann wurde er hilfsbereit.
„Sie wird sich über die Halsketten und die silbernen Becher freuen. Aber kommt mit mir hinunter in den Garten. Nefermerit ist gekommen, um meine Frau zu besuchen. Sie sitzen am Teich."
Mein Herz schlug höher, als ich den Namen der schönen Hof-

dame hörte. Wenig später stand ich ihr gegenüber. Sie saß hinter dem Haus vor dem kleinen mit Seerosen bedeckten Teich auf einer Steinbank zusammen mit Samuts Frau und trank Granatapfelsaft.

Auch heute trug sie ein fast durchsichtiges Gewand mit einer blauen Schärpe.

„Geh nur zu ihr. Sie hilft dir vielleicht." Samut ging ins Haus zurück.

Ich war schon auf dem Weg zu Nefermerit. Lächelnd sah sie mir entgegen und nickte mir zu, als ich vor ihr stand. Ich fasste sofort wieder Mut.

„Der Wettergott schickt mich ins Land des Auserwählten des Re." Inzwischen hatte ich die ägyptischen Redewendungen am Hof einigermaßen auswendig gelernt. „Er befiehlt mir, die Große Königsgemahlin Naptera aufzusuchen –"

„Hier in Ägypten nennen wir sie Nefertari, um derentwillen die Sonne aufgeht."

„Naptera ist unser Name für sie im Hethiterland."

„Brot und Bier für dich, Gesandter", sagte sie mit strahlendem Lächeln und mein Herz erwärmte sich. Sie nämlich nannte mich nicht „Elender", wie Samut es tat.

„Brot und Bier auch für dich, schöne Nefermerit. Wird es möglich sein, dass deine Herrin mich empfängt?"

Sie dachte einen Moment nach.

„Die Große Königsgemahlin wünscht Frieden zwischen dem Land Hatti und dem Land des Sonnengottes. Komm gegen

Abend in den Garten vor dem Palast und lass es dir dort wohlergehen."

„Wird man mich einlassen?"

„Sag, dass du auf der Liste von Nefermerit stehst und zeige diesen Skarabäus*." Rasch drückte sie mir einen blauen Steinkäfer an einer Lederschnur in die Hand und wendete sich wieder ihrer Freundin zu.

Ich beeilte mich, einen Barbier auf der Straße aufzusuchen, der mir das Haar gerade schnitt und ein paar Schmuckzöpfchen hineinwand. Außerdem setzte er mir einen frischen Parfümkegel aufs Haupt. Bei Samut ließ ich mich waschen und zog ein neues leinenes Gewand an. Dann gingen Tili und ich zurück in unser Zimmer und übten die Ansprache für die Große Königsgemahlin mit den richtigen Handbewegungen ein.

Ab und zu kam ein Diener mit Getränken und Brot für uns. Gegen Abend kämmten wir uns nochmals sorgfältig, wuschen uns Hände und Gesicht und traten nach einem letzten Blick in den Handspiegel den Weg zum Palast an.

Tili trug den Geschenkkasten. Schließlich standen wir wieder zwischen den mächtigen Lotossäulen des Palastgebäudes. Die

Wachen kannten uns jetzt schon. Ich hob den Skarabäus empor und musste keine weiteren Erklärungen geben.
„Ein falsches Wort und sie schneiden uns die Nasen ab“, keuchte Tili.
„Quatsch“, sagte ich, „wir sind Gäste.“
„Denk an den Messerwerfer vom Tag unserer Ankunft.“
Dazu schwieg ich lieber.
Ein Wachsoldat schritt mit geschultertem Speer durch einen Säulengang voran und geleitete uns hinaus in einen kleinen Park. Vor einem mit Seerosen und Lotusblüten bedeckten See saß die Große Königsgemahlin in einem Pavillon mit ihren Töchtern. Sie hatten einen kleinen Tisch vor sich und spielten das Senet-Spiel. Neben ihnen knieten Flötenspielerinnen, die außer einem Hüftgürtel ganz nackt waren. Ich warf Tili einen mahnenden Blick zu, er möge sich nicht ablenken lassen. Doch er machte seine Sache vortrefflich. Beide sanken wir in geziemendem Abstand vor der Königin zu Boden. Tili schob den Geschenkkasten auf sie zu. Wir wussten mittlerweile, dass man der ägyptischen Königin nicht ins Gesicht sieht, also taten wir so, als blickten wir zu Boden. Immerhin bemerkten wir, wie sie uns huldvoll zunickte.
Naptera trug ein weißes Leinenkleid mit einer roten Schärpe. Ihr Haar war schwarz und ihr Halsschmuck aus Gold und Türkisen von erlesener Schönheit. Die Töchter waren ebenfalls weiß gekleidet, doch die Schärpen ihrer Gewänder waren blau und golden. Mit dem Rücken zu uns saß ein Mann auf dem

Boden vor der Gruppe. Ich überlegte, wo ich ihn schon einmal gesehen hatte. Irgendwie kam er mir bekannt vor.
„Erhebt euch“, sagte die Königin. „Danke, dass ihr den weiten Weg ins Land des Sonnengottes gekommen seid.“ Sie hatte eine angenehme dunkle Stimme.
„Für den Frieden ist kein Weg zu mühsam“, erwiderte ich und erhob mich. Obwohl ich mich danach sehnte, alles genau zu beobachten, stand ich gebückt mit gesenktem Blick. Doch zugleich hielten Tili und ich die Augen offen.
„Wenn die Könige beide den Frieden wollen, werden sie den Vertrag auf silberne Tafeln schreiben. Schreiber aus dem Land

des Sonnengottes werden nach Hattuscha reisen, damit alles richtig festgelegt wird."

„Der Wettergott und der Sonnengott wollen den Frieden. Der Wettergott will außerdem, dass nie wieder Hunger im Lande Hatti ist", riefen Tili und ich wie aus einem Munde. In diesem Moment drehte sich der Mann, der bisher mit dem Rücken zu uns am Boden gehockt hatte, zu uns um – es war Urchi-Teschub, der undankbare Neffe unseres Königs. Er lächelte vieldeutig. Ein Lächeln ging nun auch über das Gesicht der Großen Königsgemahlin.

„Der Wettergott bittet den Sonnengott um viele Schiffe für das Land Hatti", fügte ich hinzu und bemühte mich, über Urchi-Teschub hinwegzusehen.

Eine Dienerin nahm uns bei der Hand und führte uns zu einem Tisch mit Stühlen in einem größeren Abstand von dem der Königin. Wir ließen uns nieder und freuten uns über die duftenden Brotscheiben in einem Binsenkorb. Die Dienerin schenkte aus einem Steinkrug helles Bier in silberne Becher. Die Musik, die bei unserem Eintritt verstummt war, setzte wieder ein. Wir tranken der Königin zu und ließen uns das Brot schmecken. Es war innen hell und weich mit einer knusprigen Kruste.

Ich dachte seufzend daran, dass Urchi-Teschub wahrscheinlich Hetzreden gegen den König von Hatti hier bei Naptera hielt, und mein Herz wurde schwer.

Doch so viel ich verstand, wollte auch die Große Königsgemahlin den Frieden zwischen dem Reich Hatti und dem der Ägyp-

ter. Das Land Hatti wird hoffentlich bald Weizen und Schiffe erhalten! Die Parfümkegel auf unseren Häuptern schmolzen langsam dahin und ergossen Wohlgeruch über unsere Körper.
Ich nickte Tili zu. In diesem Moment beugte sich Nefermerit über uns und flüsterte, die Audienz sei beendet.
„Und Urchi-Teschub? Muss er auch gehen?“, fragte ich sie wenig später.
„Urchi-Teschub plaudert noch mit den Damen. Sie freuen sich über seine Reden.“ Sie sagte es so, als gefielen auch ihr die Worte des undankbaren Besiegten. Ich machte mir Sorgen.
Wie betäubt schritten wir wieder durch den Säulengang des Palastes. Nefermerit begleitete uns diesmal zum Ausgang.
Zurück am Portal, zupfte ich am Gewand der schönen Schreiberin. „Was glaubst du? Wird die Große Königsgemahlin unsere Bitten gewähren?“
„Hab Geduld, Gesandter aus Hatti“, sagte sie geheimnisvoll lächelnd.
Es freute mich, dass sie uns nicht „Elende“ nannte.
Flieg ins Land Hatti, meine sanfte Graue, und bring die Botschaft zum Wettergott.

Ramses und seine Familie

Ramses II. war der dritte Pharao der Dynastie der „Ramessiden“ – alle diese Männer stammten aus dem Nildelta und ihre Vorfahren dienten seit Jahrhunderten dem roten Wüstengott, zuständig auch für das Wetter und die Oasen, Seth. Von ihm leitete sich der Name „Sethos“ ab. Die Ramessidenzeit endete nach 1100 v. Chr., als eine neue Dynastie die politische Bühne betrat.

Ramses ist der Pharao, von dem wir wahrscheinlich am meisten wissen. Sowohl seine Mumie als auch die seines Vaters **Sethos I.** wurden gefunden und wissenschaftlich untersucht. Er war zu Lebzeiten etwa 1,75 Meter groß, hager und rothaarig. Über die Jahrtausende hat sich sein seidiges, leicht gewelltes Kopfhaar erhalten. Bei seinem Tod im Jahr 1213 v. Chr. war er etwa 92 Jahre alt.

Ramses trug den Namen seines gleichnamigen Großvaters, eines Generals des Pharaos Haremhab (reg. 1319–1292 v. Chr.). Haremhab, der keine eigenen Nachkommen hatte, wählte den tüchtigen Pa Ramessu zum Mitregenten. Pa Ramessu änderte bei der Erhebung zum Mitherrscher seinen Namen zum vornehmer klingenden Ramessu. Er war **Ramses I.** (reg. ca. 1292–1290 v. Chr.). Er herrschte nach dem Tod Haremhabs nur zwei Jahre lang. Sein Sohn und Nachfolger **Sethos I.** (reg. 1290–1279 v. Chr.) war mit **Tuja** verheiratet. Sie hatten zwei überlebende Kinder, die erstgeborene Tochter **Tia** und den jüngeren Ramses. Bald schon bezog Sethos seinen Sohn Ramses in die Regierungs-

geschäfte ein und machte den begabten Jungen zum Mitregenten.
Mutter Tuja hatte bereits ihren Mann Sethos unterstützt. Zu Anfang von Ramses' II. Alleinherrschaft (reg. 1279–1213 v. Chr.) war sie zehn Jahre lang in den Zeiten seiner Abwesenheit bei Feldzügen eine halboffizielle Mitregentin.
Die Eltern hatten Frauen und Nebenfrauen für ihren Sohn ausgesucht. Den Titel einer Großen Königsgemahlin erhielten **Nefertari** und **Isisnofret.** Nur ihre Söhne kamen für die Nachfolge in Betracht.

Nefertari beim Senet-Spiel

Nefertari, auf den Tafeln der Hethiter „Naptera“ genannt, war Ramses’ erklärte Lieblingsfrau. Doch sie war kränklich und verstarb im 24. oder 25. Regierungsjahr ihres Gatten. Auch die Söhne der Nefertari starben noch in der Regierungszeit ihres Vaters.

Zehn Jahre nach dem Friedensschluss mit den Hethitern ließ Ramses **Schauskanu,** die älteste Tochter des Hethiterkönigs, nach Piramesse kommen und machte sie im Jahr 1246 v. Chr., seinem 34. Regierungsjahr, zur Großen Königsgemahlin. Eine ganz besondere Ehre für die Hethiter. Sie erhielt den ägyptischen Namen **Maathorneferure.**

Statuette von Chaemwese

In jeden seiner Tempel ließ Ramses die Liste seiner ständig größer werdenden Kinderschar meißeln. Die war im Heiligtum von Meha noch kürzer, im Ramesseum sind bereits 23 Söhne genannt. Die Liste der Prinzessinnen ist noch länger, doch sind die Namen bis auf ein Dutzend unbekannt. Die längste Liste mit 50 Söhnen und 51 Töchtern enthält der Tempel von Wadi es-Sebua. Leider ist sie vom Wüstenwind stark beschädigt und kaum zu entziffern. Der Zweck der Darstellungen an den Tempelwänden war nicht, mit der Kinderschar zu protzen. Vielmehr wurden sie der Gnade der Götter des jeweiligen Heiligtums empfohlen.

Eine seltene Gunst für sterbliche Menschen, die ihnen ewiges Leben sichern sollte.
Die ersten Kronzprinzen waren die ältesten Söhne des Ramses, Amunherunemef, Parahernemef, Sethherchepeschef. Kronprinz war später auch **Chaemwese,** Sohn der zweiten Großen Königsgemahlin Isisnofret.
Er war wohl der begabteste Sohn des Ramses. 20-jährig wurde er Ptah-Priester in Memphis* und kümmerte sich um die heiligen Apis-Stiere*. Im Herzen war er ein Archäologe. Liebevoll ließ er die Monumente vergangener Zeit im Wüstensand wieder instand setzen. Auch um die Erhaltung der Cheopspyramide bemühte er sich. Außerdem war er Vorsteher der Schreiber und ein Freund der Literatur. Fünf Sed-Feste seines Vaters organisierte er. Nach seinem Tod wurden Geschichten über ihn erzählt. Noch Jahrhunderte später wurde von ihm als bedeutendem Gelehrten und Zauberer berichtet.
Merenptah (reg. 1213–1203 v. Chr.), Ramses 13. Sohn, trat als Sechzigjähriger nach Ramses' Tod die Nachfolge an. Er war ein jüngerer Sohn der Isisnofret.
Den Rang „Große Königsgemahlin" erhielten später auch die Töchter von Nefertari und Isisnofret, **Meritamun** sowie **Bint Anat** und **Nebet-tauwi.** Auch andere Pharaonen verliehen ihren ältesten unverheirateten Töchtern manchmal den Titel „Große Königsgemahlin", einen Ehrenrang. So konnten sie in Abwesenheit ihrer Mütter religiöse und protokollarische Pflichten übernehmen.

Die vierte Taube: Das Großmaul muss verschwinden

Noch am selben Abend fragte ich Samut, warum Urchi-Teschub im Garten vor Naptera Brot und Bier zu sich nehmen durfte.
„Er ist fast jeden Tag bei ihr im Garten", berichtete Samut. „Man sagt, er wird bald eine der Hofdamen der Großen Königsgemahlin heiraten."
„Er ist ein Feind des Königs von Hatti!", rief ich. „Dem König von Hatti wird es nicht gefallen, wenn sein undankbarer Neffe Nefermerit zur Frau nimmt."
„Ruhig, Elender", beschwichtigte mich Samut. „Es ist nur Gerede. Ich weiß nichts Genaues darüber."
Jetzt stand mein Entschluss fest. Ich musste den Feind unseres Friedensvertrags aus dem Weg schaffen. Draußen vor Samuts Haus war es dunkel. Nur die Pechfackel am Eingang des Hauses verbreitete flackernden Lichtschein auf der Straßenfront.
„Tu's nicht", jammerte Tili, während ich das Silber im Ärmel meines hethitischen Gewands verschwinden ließ. „Du bringst uns ins Unglück. Und ich weiß auch schon, wie es ausgeht."
„Nichts weißt du", murmelte ich.
„Wir werden Prügel bekommen. Sieh dich nur um! Überall werden Diener mit dem Stock geschlagen. Wegen allem und nichts!"
„Es geht um den Frieden und um Brot für Hatti." Mit diesen Worten verließ ich ihn.

Trotz der Dunkelheit waren im Vergnügungsviertel der Hauptstadt unzählige Menschen unterwegs. Im Gewühl zwischen Markt und Hafen achtete niemand auf mich. Bald hatte ich eine düstere kleine Seitenstraße erreicht mit dicht aneinandergedrängten Imbiss-Stuben und Kneipen, in denen Bier und Wein ausgeschenkt wurden. Händler aus aller Herren Länder schrien und krakeelten in ihren jeweiligen Sprachen. Ich hörte Babylonisch, Akkadisch* und sogar Hethitisch. Hier war ich am richtigen Ort. Ich setzte mich auf eine Bank unter einer mit Wein berankten Laube vor einer Kneipe und beobachtete die Männer und Frauen um mich herum. Eine halb nackte Tänzerin saß auf dem Schoß eines Seemannes mir gegenüber. Die Bedienung reichte mir einen Trinkbecher voll dunklem Bier. Ich nippte nur daran. Für mein Vorhaben durfte ich mich nicht mit ägyptischem Bier benebeln.

Jedenfalls hatte Urchi-Teschub kein Sonnenhaar wie ich. Andererseits konnte es nur Nefermerit sein, auf die der einstige König von Hatti es abgesehen hatte. Sie war die schönste Hofdame Napteras.

Inzwischen war es draußen stockdunkel. Nur die Sterne leuchteten am Himmel. Von allen Seiten erklangen Lieder und Gelächter.

Schließlich gelang es mir, mit dem Seemann ins Gespräch zu kommen. Seine Kumpel nannten ihn Marduk. Er gehörte zur Besatzung eines Byblos-Schiffes, das zwischen Byblos und der ägyptischen Küste hin- und herfuhr.

„Kennst du Urchi-Teschub?“, fragte ich ihn und rückte näher heran.
„Das Großmaul von Hatti?“
„Das Großmaul von Hatti.“ Ich drückte seinen Arm.
„Er lässt sich manchmal hier im Viertel sehen“, sagte Marduk.
„Mir wäre es lieber, man würde ihn nie wiedersehen.“
Eine Pause entstand. Hinter Marduks Stirn arbeitete es sichtlich.
„Habe verstanden“, sagte er endlich.
„Nie wieder“, flüsterte ich. Ich zog den Beutel mit den Silberstückchen aus meinem Ärmel und reichte ihn dem Seemann, der ihn betastete. Schließlich langte er hinein und biss in die Metallstücke, um ihre Echtheit zu prüfen.
„Den zweiten Beutel bekommst du, wenn – hm – der Hethiter keinen Ärger mehr macht“, sagte ich langsam.

Er sah mich ungläubig an, dann ließ er den Beutel in seinem Gewand verschwinden und erhob sich.
„Ist kein leichter Auftrag“, sagte er mit gepresster Stimme. „Das Großmaul ist ein Freund der Sonne von Ägypten.“
„Tu, was du kannst.“ Mit diesen Worten stand ich auf und verließ die Kneipe. Marduk war bereits in der Dunkelheit verschwunden.
Tili schnarchte schon, als ich spät in unser Zimmer zurückkam. In dieser Nacht schlief ich besonders gut, tief und fest.
Re-Harachtes Strahlen weckten mich spät auf. Nein, es waren gar nicht die Strahlen des Sonnengottes, sondern das Klopfen an der Tür. Ich sah hinüber zu Tilis Bett. Tili war schon aufgestanden und hatte das Zimmer verlassen. Auch seine Truhe und sein Schreibgerät lag nicht mehr da.
Das Klopfen wurde immer energischer. Ich setzte mich auf und rieb mir die Augen.
„Tritt ein, Samut“, rief ich.
Zu meinem Erstaunen trat Nefermerit ein. Ihre Augen waren gerötet.
„Brot und Bier“, begrüßte sie mich.
„Ist – irgendetwas nicht in Ordnung?“, erkundigte ich mich und fasste nach dem Taubenkäfig.
Die Diener des Hauses kamen jetzt und setzten den kleinen Tisch vor mein Bett. Dann griffen sie zu Kanne und Waschschüssel und begannen, mich zu säubern, während ich meinen Hunger stillte.

Nefermerit hatte auf einem Schemel Platz genommen und sah schweigend zu, ohne meine Frage zu beantworten.
„Sicher hast du einen Grund, dass du so früh gekommen bist“, begann ich noch einmal.
„Du hast einen Fehler gemacht“, sagte Nefermerit und ihre Stimme klang besorgt. Wieder wartete ich einen Moment darauf, dass sie „Elender“ sagte. Doch das Wort kam nicht aus ihrem Mund.
Ich war ganz ruhig, unmöglich konnte sie wissen, was ich im Hafenviertel getan hatte.
„Fast hättest du alles verdorben.“ Diesmal war sie zornig und ich sah sie bittend an. „Urchi-Teschub steht in großer Gunst am Hof.“ Beunruhigt sah ich sie an. Wusste sie am Ende mehr, als sie sagte?
Ich schwieg.
„Seit Jahren bittet Urchi-Teschub bei Usermaatre Setepenre um Brot und Frieden für Hatti.“
„Das habe ich nicht gewusst“, stammelte ich.
Ihr Blick war so voll Verachtung, dass ich wieder auf das Wort „Elender“ wartete. Doch auch diesmal sprach sie es nicht aus.
„Merk dir“, sagte sie mit leiser Stimme, „nichts, was in Piramesse gesprochen wird, bleibt ungehört. Usermaatre Setepenre hat tausend Augen und tausend Ohren.“
Ich senkte den Kopf.
„Du hast dir alles verdorben. Wie konntest du glauben, ein Mann vom Hafen würde es wagen, den guten Freund von User-

maatre Setepenre zu beseitigen? Gesandter aus Hatti, im Auftrag der Großen Königsgemahlin muss ich dich auffordern, Piramesse zu verlassen."

„Ich musste es für den Frieden zwischen den beiden Ländern tun", sagte ich. „Urchi-Teschub ist der Feind des Landes Hatti."

„Du wirst furchtbar bestraft werden. Und du wirst 20 Stockschläge bekommen. Usermaatre Setepenre lässt dir sagen, dass er dir Gnade gewährt, weil du ihm damals bei Kadesch deinen Wasserschlauch gereicht hast."

„Und die 20 Stockschläge sind diese Gnade?"

„Du wolltest den Freund der Sonne von Ägypten beseitigen. Du, der Schreiber Schubili."

Sie fing an zu weinen und ich begriff, dass ich sie nie wiedersehen würde.

„Ist Urchi-Teschub tot?", fragte ich. „Und wo ist Tili?"

Sie weinte noch stärker.

„Dummer Ramose", sagte sie. Aber diesmal berührte sie mich nicht.

„Warum nennst du mich Ramose?"

„Weil dein hethitischer Name für eine Ägypterin nicht auszusprechen ist."

Sie schwieg einen Moment. „Dein Freund Tili-Teschub ist mit den ägyptischen Schreibern in aller Frühe nach Hattuscha abgereist, damit die silbernen Tafeln geschrieben werden können."

„Willst du damit sagen, dass der Vertrag auf die silbernen Tafeln kommt?“ Ich sprang auf und begann zu tanzen. Als ich wieder stehen blieb, legte ich den Arm um Nefermerit.
Ihre Nase streifte ganz kurz die meine. War es Absicht oder nur ein Zufall?
„Du sollst morgen abreisen“, berichtete sie mir dann mit ernster Stimme. „Nicht nach Hattuscha, sondern den Nil entlang.“
„Etwa mit einem Schiff?“
„Diesmal wird dich Prinz Chaemwese in den Süden Ägyptens begleiten, um dir die neuen Tempel seines Vaters zu zeigen und das Land.“
„Aber doch nicht auf dem Strom mit den Krokodilen und den Flusspferden!“
„So reist man nun einmal in Ägypten. Wasserwege sind die schnellsten Straßen.“
„Und die 20 Stockschläge?“
„Wenn du wieder zurück bist, wird das erledigt.“
„Und die furchtbare Bestrafung?“
„Du musst mit dem Schlimmsten rechnen“, sagte sie mit ausdruckslosem Gesicht. Also war Urchi-Teschub tot. Und Prinz Chaemwese hatte den Hinrichtungsauftrag übernommen. Vielleicht ging die Reise zu einem der Steinbrüche, in dem ich den Rest meines Lebens Steine klopfen würde. Der Schweiß brach mir aus. Ich hatte Nefermerit für immer verloren.
Also Krokodile, denen die Ägypter mich in den Rachen werfen würden. Oder eine Schlangengrube in einem der Tempel. Ganz

unvermutet würden sie mich hineinstoßen. Oder eine Kobra unter der Bettdecke. Ich schlug die Augen nieder und verkniff mir weitere Fragen.

So kam es, dass ich am vierten Tag meines Aufenthalts in Piramesse Kleidung und Schreibzeug in die Truhe packte. Ich war voll Unruhe und Sorge. Um meinen Hals aber hing die Kette mit dem blauen Skarabäuskäfer, den Nefermerit damals überreicht hatte. Am nächsten Morgen stand ich am Kai des Hafens von Piramesse, neben mir die Truhe, in der Hand den Käfig mit den Tauben. Sie waren gut genährt vom ägyptischen Korn, bereit für den langen Flug. Ich werde bald sterben oder für immer verschwinden. Dies ist die letzte Botschaft aus meiner Hand. Flieg los, meine tapfere Weiß-Graue. Grüß alle meine Nachbarn von mir. Beeil dich, Taube. Der Wettergott in Hatti wartet.

Preise und Löhne – Einkauf ohne Münzen

Zur Zeit von Ramses II. war das Wirtschaftsleben in Ägypten straff organisiert. Persönliche Freiheiten gab es kaum, die Löhne waren festgesetzt, freie Berufswahl war nicht vorgesehen. Über die Ein- und Ausführung von Gütern bestimmte der Pharao. Kauf und Verkauf der Waren fanden auf den Marktplätzen statt.

Münzgeld kannte man zu Ramses' Zeit nicht. Auch später, als die Griechen im gesamten Mittelmeerraum seit dem 7. Jahrhundert v. Chr. Münzen zur Zahlung benutzten, zögerte man in Ägypten noch ein paar Jahrhunderte.

Im Ägypten der Ramessidenzeit verwendete man stattdessen Edelmetallstückchen als Geld, sozusagen eine Vorstufe von staatlich garantierten Münzen.

Eine weitere „Geldeinheit" waren genormte Säcke mit Getreide, die als allgemein anerkanntes Tauschmittel galten. Die Löhne der Arbeiter wurden in Getreide bezahlt. Man konnte sie nach einem festen Kurs in Silber oder Kupfer umrechnen.

Da aber die meisten Menschen kein Metall zur Hand hatten, zahlten sie mit Lebensmitteln, deren Wert in Metallgewichtsanteile umgerechnet wurde. So erhielt ein Schreiber für sein auf 130 Deben Kupfer geschätztes Rind ein Leinengewand im Wert von 60 Deben, zehn Säcke und $3^1/_2$ Scheffel Getreide von 20 Deben, Perlen einer Halskette für 30 Deben und zwei Gewänder im Wert von zehn Deben.

Über das Leben der einfachen Menschen in den Steinbrüchen für die königlichen Bauten wissen wir gut Bescheid. Denn in der Arbeitersiedlung von Theben-West, Deir el-Medineh, entdeckten die Archäologen einen ausgetrockneten Brunnen. Er war voller sogenannter Ostraka, Ton- oder Alabasterscherben mit darauf gekritzelten Abrechnungen, Quittungen und Verträgen. Es geht um die Vermietung von Eseln, Ratenkredite und ähnliche Alltagsgeschäfte. Was nicht mehr gebraucht wurde, warf man in den Brunnen.

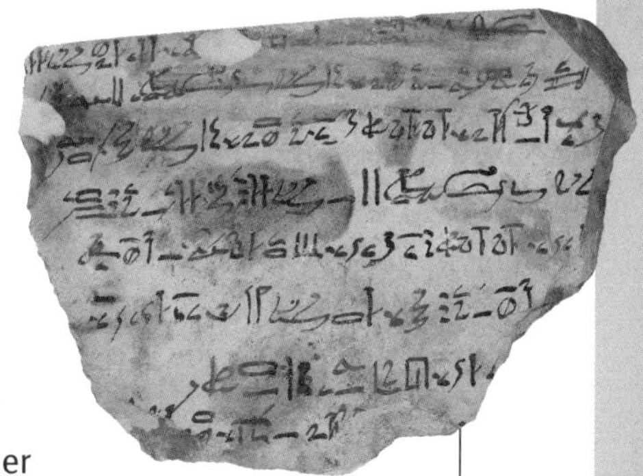

Um das Jahr 1200 v. Chr. waren Nahrungsmittel in Ägypten recht billig. Ein Huhn kostete $^1/_4$ Debe, ein Stück Kuchen $^1/_{40}$, ein halber Liter Fett $^1/_2$.
Ein Arbeiterschurz musste mit einer Debe bezahlt werden, ein gewöhnliches Hemd mit fünf. Kostbare Gewänder und Möbel waren teurer und auch für die Grabausstattung konnte man sich ruinieren. Verzierte Särge kosteten die Vorarbeiter bis zu 200 Deben, der Preis für den einfachen Mumiensarg des Arbeiters betrug 25. Dagegen bezahlte ein niederer Beamter etwa 1.000 Deben für seine Grabausstattung.

Ostrakon aus Deir el-Medineh

Die fünfte Taube: die fetten Rinder des Pharaos

Wochen sind vergangen, seit ich die vierte Taube am Kai von Piramesse in die Luft warf. Ich sah der weiß-grauen sorgenvoll nach, bis sie in der Bläue des Himmels verschwand. Hoffentlich ist sie nicht einem der vielen ägyptischen Falken zum Opfer gefallen. Jetzt kann ich den fünften geflügelten Boten losschicken. Bis jetzt ist meine Reise gut verlaufen. Begleitet werde ich von einem dicken, freundlichen jungen Mann mit der langen Seitenlocke eines Priesters des Gottes Ptah*. Es ist Chaemwese, einer der jüngeren Söhne des Pharaos. Trotz seiner Jugend kann er mir viel erklären. Er hat noch kein Wort über meine bevorstehende Hinrichtung verlauten lassen. Stattdessen essen und trinken wir täglich miteinander. Es gibt Brot und Bier, so viel mein Herz verlangt.

Noch nie im Leben habe ich so viele Barken und Boote gesehen wie auf dem Nil. Stromauf- wie stromabwärts wird gesegelt und gerudert. Der starke Nordwind ermöglicht auch ein schnelles Fortkommen gegen die Strömung. Wir reisten mit aufgespanntem Segel so wie alle Boote, die nach Süden unterwegs sind. Die entgegenkommenden Schiffe, die nach Norden wollten, hatten alle den Mast umgelegt.

Unser Schiff hat eine große Kabine mit Ruheräumen. Auf dem Dach der Kabine sitzen wir tagsüber im Schatten des Segels und

Chaemwese zeigt mir die Sehenswürdigkeiten des Landes. Getreide, Baumaterial, Schafe und Soldaten werden auf dem Fluss in beide Richtungen transportiert. Immer wieder kreuzen Boote von einem zum anderen Flussufer hinüber. Es sind oft ganze Leichenzüge in mehreren Booten oder Händler, die mit ihren Waren die Fähre benutzen. Auch Götterbilder werden von den Priestern von einem Tempel zum anderen gefahren, um benachbarte Götter zu besuchen.
Die Krokodile, die träge am Ufer lauern, sind nicht gefährlich, versicherte mir Chaemwese. Ganz selten greifen sie einmal eine Wäscherin oder einen Fischer an.
Unsere erste Station war Memphis, das wir nach zehn Tagen Fahrt erreichten. Unser Schiff machte am Hafen Peru-Nefer fest.

Mir fielen die zahlreichen Streitwagengespanne auf, die hier auf große Lastschiffe verladen wurden. Am Nilufer waren Schiffswerften zu sehen und Chaemwese machte mich auf die großen Hallen neben ihnen aufmerksam.

„Ich sehe viele Arbeiter darin, die hämmern und schmieden", sagte ich.

„So ist es. Hier werden Waffen und Streitwagen hergestellt", erklärte Chaemwese.

Außerhalb der Stadtmauern ragte der Ptah-Tempel auf. Gleich daneben befand sich ein großer Stall mit einem Säuleneingang. Die Innenwände waren ausgemalt wie in einem Palast. Futterkrippe und Wassertrog der hier lebenden Rinder waren mit Gold beschlagen.

„Du wirst dem Herold des Gottes Ptah begegnen", verkündete mir Chaemwese mit leuchtenden Augen. „Genauer gesagt, dem heiligen Apis-Stier."

„Einem heiligen Stier?" Ich glaubte, nicht richtig gehört zu haben.

„Hier wohnt der heilige Apis-Stier mit seiner Mutter und seinen Gattinnen."

Der große schwarze Stier lebt neben dem Tempel das Leben eines Gottes auf Erden. Jeden Tag wird sein Fell gebürstet und mit Wasser besprengt. Er hat einen dreieckigen weißen Fleck auf der Stirn und auf der rechten Seite des Rückens einen weißen Fleck in Form der Mondsichel.

Unter Verneigungen überreichte ich dem Stier einen Strauss mit Lotosblüten.

„Die herrliche Seele des Ptah dankt dir", sagte Chaemwese.

„Wo ist die Seele des Ptah?", fragte ich verwirrt.

Der Stier brüllte auf.

„Da hörst du sie, die herrliche Seele des Ptah", flüsterte Chaemwese.

„Ich werde dem König von Hatti davon berichten", versicherte ich.

Wir brachten auch ein Opfer in der unterirdischen Grabstätte für die Vorgänger des regierenden Apis dar. Nach ihrem Tod wurden diese Stiere mumifiziert und in steinernen Sarkophagen wie Könige bestattet.

Beim Tod des Apis-Stiers wird Staatstrauer ausgerufen. Das ganze Land wehklagt und weint wie beim Tod des Pharaos selbst, bis ein neuer Stier mit den heiligen Zeichen auf Stirn und Rücken gefunden ist.

Nein, ich konnte in dem brüllenden Stier keinen Gott erkennen. Aber ich ließ mir meine Bedenken nicht anmerken.

Wir kamen an zahlreichen Pyramiden vorbei, den Grabbauten von Königen vergangener Zeit. Tagelang waren wir nun auf dem

Nil unterwegs. Wir segelten am Tag gegen die Strömung. Flusspferde und Krokodile begegneten uns. Sobald es dunkel wurde, übernachteten wir am Ufer.
Nach einer Fahrt von 13 Tagen kamen wir im Hafen von Theben an, der größten Stadt Ägyptens. Zu beiden Seiten des Nils dehnt sie sich aus. Tempel und Paläste ragen über die Häuser hoch auf. Am westlichen Nilufer ziehen sich über der Stadt an den Felsen die Grabanlagen der Bewohner bis zur Wüste hin.
Im Palast auf dem Ostufer begrüßte uns der Wesir von Oberägypten, den ich schon in Piramesse kennengelernt hatte, Paser, der wohlgenährte ältere Herr im Wesirsgewand.
Wir überquerten den Nil mit der Barke des Wesirs und seiner Ehrenwache und erreichten über den Kanal die Baustelle des Tempels der Ewigkeit, an dem der Pharao seit seiner Krönung arbeiten lässt. Es ist ein Tempel, zugleich aber auch ein Palast mit einem großen Teich, Blumen, Bäumen und herrlichen Malereien im Inneren und den Tempelhöfen. Riesige Steinblöcke wurden durch die Straßen gezogen. Wir durchschritten den Pylon. Gleich im ersten Hof war eine Statue aufgestellt, höher als fünf übereinanderstehende Männer.
„Welcher Gott ist das?“, stieß ich hervor.
„Erkennst du ihn nicht? Es ist Usermaatre Setepenre“, sagte Chaemwese. Paser und er erhoben die Arme und brachen in das Gebet mit den Namen des Königs aus, wobei sie die Oberkörper hin und her wiegten. Ich schloss mich mit leisem Murmeln an.

Einige Gebäude sind schon fertig. In ihnen trafen wir eine Gruppe junger Maler, die von einem Lehrer unterwiesen wurden.
„Im Tempel“, erklärte wieder Chaemwese, „wird mein Vater nach seinem Tod verehrt werden. Zugleich ist es ein Tempel für Amun. Drüben neben dem ersten Hof entsteht ein Palast für Usermaatre Setepenre, wenn er sich hier aufhält.“
Paser nickte beifällig. Wir nahmen ein Essen ein. Bei dieser Gelegenheit erfuhr ich, dass in ganz Theben kein Hammelfleisch gegessen wird. Der Hammel ist nämlich das heilige Tier des Gottes Amun.
Wieder zurück am Ostufer des Nils, suchten wir den Amun-Tempel auf, das größte Bauwerk in Theben. Hunderte von weiß gekleideten Priestern verwalten diesen Tempel und die zu ihm gehörigen Ländereien. Eine Schlange von Menschen stand vor dem Tor mit Karren, die hoch beladen waren mit Früchten, Gemüse und gefangenen Enten. Chaemwese reichte mir einen Leinenbeutel, in dem es zappelte und quiekte.
„Was ist das?“
„Opfertiere, lebende Mäuse. Du wirst sie nachher brauchen.“
Wir gingen weiter und ich überlegte, für wen die Mäuse gedacht waren.
„Amun ist der König der Götter“, belehrte mich Chaemwese wenig später. „Zu Recht wird er so verehrt, wie du siehst. Er hat den Königen geholfen, die Hyksos zu vertreiben.“
„Aber was ist mit dem Sonnengott Re? Ist er nicht auch Götterkönig?“, erkundigte ich mich.

„Es gibt weise Priester, die vermuten, dass Amun und Re in Wahrheit ein und derselbe Gott sind. Das sind Geheimnisse, schwer zu begreifen für gewöhnliche Menschen.“

Ich kam mir klein vor inmitten all der großen Steinblöcke, der bemalten Säulen und der Tempeltore.

„Warum gibt es hier so viele Tempel?“, wollte ich wissen. „Gehören sie alle dem Göttervater Amun?“

„Eigentlich sind es drei verschiedene Anlagen“, erklärte Chaemwese. „Hier stehen wir in der Mitte im Tempel des Amun. Im Süden liegt der Tempel der Mut* mit den dazugehörigen Gebäuden. Im Norden der des Kriegsgottes Month.“

Wir durchschritten das zweite Tempeltor des Amun-Tempels und befanden uns in einem herrlichen Säulensaal.

„Es sind 134 Säulen“, erläuterte Chaemwese, während wir durch die Mitte des Saals gingen. Jede Säule war anders bemalt. Doch Grün und Weiß überwogen. Ich kam mir vor wie in einem riesigen Papyruswald.

„Das ist der Weg, den die Prozession mit den Barken des Amun an den Festen nimmt.“

Wir gingen wieder durch das Tor nach draußen und Chaemwese zeigte auf ein niedriges Steingebäude mit drei Eingängen.

„Das ist das Barkengebäude.“

Fragend sah ich ihn an.

„Hier ruhen während der Götterfeste die Barken, die die Götter zum Tempel gebracht haben. Geh nur hinein und sieh dich um.“

Ich trat in das leere Gebäude und stieß einen Schrei aus. Eine

Schlange glitt auf mich zu und erhob den Kopf. Der Moment war gekommen. Weitere Schlangen, Nattern, ringelten sich hinter ihr über den Boden. Chaemwese war zurückgeblieben. Knarrend schwangen die Türen hinter mir zu.

„Ich habe es für den Frieden zwischen den beiden Ländern getan“, sagte ich und kniete vor der Schlange nieder. „Und für dich, Nefermerit. Wettergott von Hatti, du kennst die ganze Wahrheit.“ Ich schloss die Augen und senkte den Kopf. Jetzt würde ich also sterben, ich, der bucklige Schreiber mit dem Sonnenhaar.

Ich hörte, wie die Schuppen der Schlangen über den Steinboden schleiften. Die Köpfe stießen gegen meine Hand. Langsam öffnete ich die Augen.
Die Nattern hatten es offensichtlich auf den Leinensack mit den Mäusen abgesehen, den ich immer noch hielt. Ich lockerte die Schnur, die ihn verschloss, und ließ die Mäuse auf den Boden. Sofort stürzten sich die Schlangen auf ihre Beute.
Die Türen öffneten sich hinter mir. Sonnenlicht flutete durch den Raum.
„Die Götter Ägyptens danken dir, Schubili", rief Chaemwese mit lauter Stimme. „Dein Opfer ist angenommen worden. Steh auf und feiere einen schönen Tag!"
Wenig später sahen wir uns die Außenwand des Tempels an. Großer Schrecken überkam mich. Ich sah den Pharao auf seinem Streitwagen, seine Krieger, sein Lager, ja sogar die Stadt Kadesch mit ihren Mauern. Auf den Reliefplatten war zu sehen, wie der Pharao in seinem Streitwagen hethitische Kämpfer tötete. Ich las die Schrift darüber und staunte. Von einem großartigen Sieg des Ramses war die Rede. Vernichtend habe er die Elenden von Hatti geschlagen.
Ich schlug die Augen nieder und schwieg. Ich wollte schließlich den Frieden zwischen Ägypten und dem Land Hatti vermitteln.
„Es war der größte Sieg meines Vaters", sagte Chaemwese. „Und deshalb sind an vielen Tempeln im ganzen Land Bilder von dieser Schlacht angebracht. Außen an den Tempelwänden, eine Botschaft für alle Menschen im Land."

„Sie sehen auch, wie groß das Heer des Landes Hatti war. Wie viele Streitwagen der König Muwatalli aufgeboten hat“, sagte ich.
„So ist es. Jeder versteht, weshalb Usermaatre Setepenre den Frieden mit dem König von Hatti anstrebt.“
Bei diesen Worten des Königssohns fühlte ich große Erleichterung.
„Bald wird Brüderschaft zwischen ihm und dem König von Hatti sein“, rief ich. „Brüderschaft ist schöner als ein Sieg.“
„Wahre Worte sprichst du, Schreiber von Hatti.“
Auch Chaemwese nannte mich niemals „Elender“.

Unzählige Tempel haben wir besucht. Fast jedem Gott Ägyptens haben wir Opfer gebracht. Fette Rinder weideten in Herden an den Flussufern. Die Bäuche der Opferstiere für die Götter reichen bis zum Boden. Ich sah Hirten, die ihre Herden über die Kanäle seitlich des Nils trieben und dabei ein Kalb auf ihren Schultern über das Wasser trugen. Diese Herden, die oft zu den Gütern der Tempel gehören, und die Früchte der Felder sind der eigentliche Reichtum Ägyptens. Überall im Land sind die Kornspeicher bis oben hin gefüllt. Milch kann auch der Ärmste jeden Tag trinken, die Linsensuppe am Imbiss-Stand kostet fast nichts. Auch wenn eines Tages die Goldminen in den Wüstentälern versiegen, ist Ägypten noch ein reiches, glückliches Land. Steig zum Himmel auf, meine fette Weiße. Bring die gute Botschaft nach Hatti!

Mumien und Totenkult

Am Tag, an dem ein Mensch verstarb, auf Ägyptisch „am anderen Ufer landete“, legten die Angehörigen für 70 Tage Trauer an. Wer das Haus verließ, bestrich das Gesicht mit Schlamm und schlug mit beiden Händen auf das Haupt. Unverzüglich wurde der Leichnam zu den Einbalsamierern gebracht.

So wie der Leichnam des gewöhnlichen Ägypters wurde auch der des toten Ramses zunächst einbalsamiert. Dadurch hat er sich so gut erhalten. Mit einem Haken wurde dem Verstorbenen das Gehirn entfernt, dann der Bauch mit einem Steinmesser aufgeschnitten, um die inneren Organe zu entnehmen. Nur Herz und Nieren blieben im Körper. Der Körper wurde mit Natron* bedeckt und 35 Tage getrocknet. Der Unterleib wurde mit Leinen, Papyrus oder gehacktem Stroh gefüllt und der Schnitt vernäht. Nach dem Austrocknen des Leichnams wurde er mit Harzen, Zedernöl, Honig, Myrrhe oder Weihrauch konserviert.

Die Mumie wurde geschmückt und bekleidet. Ein Totenbuch wurde wie ein Reiseführer zwischen die Beine des Toten gelegt. Zahlreiche Amulette wurden zwischen die Leinwandbinden gesteckt, in die der Körper gewickelt wurde. Dann brachte man die Mumie auf einer Barke über den Nil. Auf weiteren Booten reisten die Hinterbliebenen, die Grabausstattung, Klageweiber und Priester. Der Leichenzug erinnerte an einen Umzug. Denn vor allem wurde die Ausrüstung für das Leben des Toten im Totenreich mitge-

tragen, Nahrung, Kleidung, Möbel. Am anderen Ufer zogen Kühe einen Schlitten mit dem auf einer Barke stehenden Sarg zum Totenhaus. Am Grab nahmen die Priester die Mundöffnungszeremonie vor: Der Verstorbene sollte wieder in der Lage sein, seine Glieder und Organe zu benutzen. Man erweckte ihn mit dieser Zeremonie sozusagen für sein Leben im Jenseits. Danach wurde er ins Gewölbe hinuntergetragen, das von Maurern verschlossen wurde. Ein üppiges Totenmahl für die Lebenden war der Abschluss.

Das Grab

Die Totenstadt der Könige hatte vor der Zeit des Neuen Reichs (es begann mit der 18. Dynastie 1539 v. Chr. und endete mit der 20. Dynastie, den Ramessiden, im Jahr 1076/70 v. Chr.) bei Sakkara in Memphis gelegen. Zu Beginn des

Mumie Ramses II.

Neuen Reichs wurde sie in den Westen von Theben verlegt, ins „Tal der Könige“. Von ca. 1496–1078 v. Chr. wurden die Pharaonen, ihre Gemahlinnen und hohe Würdenträger an diesem Ort bestattet.

Nach dem Tod eines Pharaos und der Ernennung seines Nachfolgers bereiteten der Wesir und die Priester das meist fertige Königsgrab für die Bestattung vor und suchten einen Platz für das Grab des nächsten Königs.

Das Königsgrab sollte den Körper des Pharaos und die Ausrüstung für sein Fortleben im Jenseits schützen. Die Grabkammer und die Magazine um sie herum wurden versiegelt und blieben unzugänglich. Die Vorräume wurden möglicherweise bei zeremoniellen Anlässen von Priestern aufgesucht. Das Grab von Ramses II. war so wie andere Königsgräber im weichen Kalkstein angelegt. Zwar war in jedem Fall der Grundriss etwas anders, einige Räumlichkeiten aber gehörten grundsätzlich dazu. Der Hauptgang hieß „Korridor des Weges von Schu“ – Schu war der Luftgott –, da er noch der Luft zugänglich war. Daran schloss

Eingang zu einem Grab im Tal der Könige

sich der „Korridor des Re“ an, der gerade noch von den Sonnenstrahlen erreicht wurde. Es folgte „die Halle, in der man ruht“ – hier wurden Götterstatuen aufbewahrt. Auf einen Schacht folgte die erste Pfeilerhalle, eine Rampe und danach die Grabkammer, „das Goldhaus“, mit den Magazinen.

Die Gräber von Privatpersonen bestanden aus zwei getrennten Teilen, der Grabkammer für den Verstorbenen am Ende eines Schachts und dem Oberbau. Nach Beendigung der Bestattungszeremonie vermauerte man den Zugang zur Grabkammer und verschüttete den Schacht. Der Oberbau darüber, die Mastaba, mit einem kleinen Hof und einem mit Malereien geschmückten Saal stand der Nachwelt offen. Hier waren Szenen aus dem Leben des Verstorbenen dargestellt. An diesem Ort fanden die Feierlichkeiten für seine Seele am Neujahrstag und am 18 Tage später begangenen Fest Waga statt. Brot und Bier wurden dann dem Standbild des Toten gespendet.

Die Grabausstattung

Das Prunkstück jeder Grabausstattung war der Sarkophag. Könige und besonders Reiche benötigten mehrere ineinandergestellte Särge. Neben ihnen standen vier Gefäße, die Kanopen. In ihnen wurden die bei der Einbalsamierung entfernten Organe aufbewahrt.

Eine Maske wurde auf das Gesicht des Verstorbenen aufgelegt, für den Pharao und Mitglieder des Königshauses war sie aus Gold, für Privatpersonen aus Gips oder Pappe.

Das „Paradies“ der Ägypter waren „die Gefilde des Osiris*“. In diesem großen Garten musste man wie auf den Feldern Ägyptens pflügen, säen und ernten und die Bewässerungskanäle instand halten. Für die Bauern des Nillandes selbstverständliche Arbeiten, für Schreiber und Wohlhabende ein Grund, sich im Grab mit ausreichend „Uschebtis“, Ersatzfigürchen, zu versorgen. Sie sollten anstelle des Verstorbenen im Jenseits arbeiten. Die alten Ägypter glaubten, das Abbild einer Sache oder eines Lebewesens besitze die Fähigkeiten des Originals.

Im Fall der Armen wurden weniger Umstände gemacht. Ihre Körper wurden lediglich mit Natron getrocknet und vorher mit einem Desinfektionsmittel behandelt. Eine solche Mumie wurde in einen einfachen Sarg gelegt und in eine alte Grabstätte getragen, wo sich die Särge bis zur Decke übereinanderstapelten. In den Sarg legte man einige Beigaben, Skarabäen, Schmuck, Udschataugen* und Götterfiguren.

Die Allerärmsten wurden, nur in Leinen gehüllt, in ein Massengrab geworfen.

Uschebti-Figuren

Bauten für die Ewigkeit

Ägypten verwandelte sich während der Regierungszeit des Ramses in eine riesige Baustelle. An vielen Stätten standen komplizierte Baugerüste aus Holz. Seile hielten die Konstruktionen zusammen. Überall im Land wurde gehämmert und gesägt. Große Steinblöcke glitten auf Holzschlitten die Rampen hinauf. Vom Nildelta bis nach Nubien* ließ Ramses seine Kriegstaten verherrlichen, Kolossalstatuen, Tempel und ganze Städte errichten. Kein Pharao ließ so viele und so große Statuen errichten. Warum baute Ramses so viel?

Wenige Jahrzehnte vor Ramses' Regierungsantritt war es zu einer religiösen Revolution gekommen. Der „Ketzerkönig" Echnaton, eigentlich Amenophis IV., (reg. ca. 1353–1336 v. Chr.) hatte den Gott Aton* zum Hauptgott Ägyptens erhoben und ihm seine neue Hauptstadt Achet-Aton (Horizont des Aton) in Mittelägypten geweiht. Auch an anderen Orten wurden Aton-Heiligtümer errichtet. Die zuvor einflussreichen Tempel und Priester verloren Macht und Besitz.

Nach dem Tod Echnatons wurde Amun wieder in seine Tempel zurückgeführt.

Durch die Umwälzungen dieser Zeit war gerade für Künstler und Architekten viel zu tun. Schon unter Sethos I. wurden die ausgehackten Amun-Namen wieder eingesetzt. Ramses II. baute die zerstörten Tempel wieder auf.

Es gab noch andere Gründe für die neuen Bauten. Der Pharao musste seine fremdländischen Söldnertruppen ver-

sorgen. Neues Land im Süden wurde von ihnen erschlossen und gesichert. Ihre Militärführer wurden mit Tempeleinnahmen entlohnt. Und sie alle verehrten die Kolossalstatuen ihres Herrschers.
Das alles war nur möglich, weil Ägypten über die Jahrzehnte hinweg innerlich und äußerlich sicher war. Die Tribute aus den Fremdländern trafen regelmäßig ein. Das Land selbst lebte von den reichen Ernten und den Einkünften aus den Staats- und Tempeldomänen, den großen Landgütern, die entweder dem Staat oder einem Tempel gehörten. Auch die nubischen Goldminen wurden unter Ramses intensiv ausgebeutet.
Schon im zweiten Regierungsjahr begannen die Arbeiten für das zukünftige Ramses-Grab an seiner Felsengruft im Tal der Könige hinter Theben. Der Wesir Paser schickte dem Pharao regelmäßig Berichte über den Stand der Arbeiten.
Ramses baute nicht nur neue Tempel. Auch die Bauten seiner Vorgänger ließ er vergrößern und meißelte in deren Wände seine Namenskartuschen*. So hatten es schon frühere Pharaonen getan. Sie ersetzten die Kartuschen der Vorgänger durch ihre eigenen, um sich in die Tradition einzureihen. Ramses begnügte sich oft damit, seine Titulatur neben die der früheren Könige zu setzen.
Als Sohn aus einer Generalsfamilie hatte Ramses auch einen Blick für militärische Notwendigkeiten. Eine Kette von Festungen an der westlichen Mittelmeerküste sollte die Küste gegen die immer unruhiger werdenden Libyer sichern. Diese Maßnahmen waren für Jahrzehnte wirksam. Als es unter Merenptah (reg. 1213–1203 v. Chr.) zu einem

Angriff der mit den Libyern vereinigten Seevölker kam, die ins Delta vordrangen, wurde der Angriff erfolgreich abgewehrt.

Abu Simbel und weitere Tempel in Nubien

Ramses war kaum 15 Jahre alt, als er die Tempelanlage an der Südgrenze Ägyptens in Auftrag gab. Zwei Heiligtümer wurden direkt am Nil in den Felsen getrieben.
Im großen Tempel wurden die Reichsgötter Amun, Re-Harachte und Ptah zusammen mit dem vergöttlichten Herrscher verehrt. Hier vollzog sich zweimal im Jahr „das Sonnenwunder". Die durch den Eingang eindringenden Sonnenstrahlen beleuchteten die vier Götterstatuen im Tempelinneren.

Eingang zum Tempel von Abu Simbel

Im kleineren Tempel vereinigt sich Ramses mit der Göttin Hathor, verkörpert durch die Große Königsgemahlin Nefertari.
Im Inneren der beiden Tempel sind Opferhandlungen und festliche Barkenprozessionen dargestellt.
Die sitzenden Kolossalstatuen des Ramses vor dem großen Tempel und die stehenden Steinriesen am kleinen Tempel sollten den benachbarten Nubiern die Macht und Größe Ägyptens, seines Königs und seiner Familie demonstrieren. Abschreckend wirkte sicher auch die Darstellung der Schlacht von Kadesch und des „Siegs" des Ramses.
In den Jahren 1964 bis 1968 wurden beide Tempel auf eine Anhöhe hinter dem ursprünglichen Standort versetzt, um sie vor den Fluten des Assuan-Stausees zu sichern. Sie wurden in 1.036 Einzelblöcke zersägt. Die zwischen sieben und 30 Tonnen wiegenden Stücke wurden dann wieder zusammengefügt. Diese technische Großtat wurde von ägyptischen und europäischen Baufirmen durchgeführt. Finanziert wurden die Kosten von insgesamt 80 Millionen US-Dollar durch die Spenden von über 50 Ländern.

Ramses' Lieblingstempel – das Ramesseum in Theben

Ramses nannte seinen Lieblingstempel „Tempel der Millionen Jahre" und „Das Schloss des Usermaatre Setepenre, vereint in Theben auf der Domäne des Amun". Von einer Ziegelmauer umschlossen, ähnelte er einer Festung.
Der Tempelbezirk umfasste zahlreiche Vorratshäuser für

die Lagerung der Tempelschätze. Kornspeicher mit gewölbten Dächern horteten die Vorräte für die Priester und Handwerker der Nekropole*. Neben den Vorratshäusern lagen im Tempelbezirk die Wohnungen der Priester, die Verwaltungs- und Arbeitsräume. Zum Lebenshaus des Tempels gehörte die Bibliothek und ein großer Schreibraum. In den ungedeckten Werkstatträumen im Südosteck wurden die heiligen Gefäße und Statuen hergestellt, die die Priester für das Ritual der Mundöffnung brauchten. Ganz in der Ecke des Tempelbezirks hatte Ramses einen Palast für seine Aufenthalte.

Die äußeren Mauern des Tempelbezirks wurden von einer doppelten Allee von Sphingen* mit Löwenkörpern begrenzt. Ein Pylon mit zwei Türmen stand vor dem Tempel. Dieser bestand aus zwei Tempelhöfen, der Säulenhalle und dem Allerheiligsten mit den zugehörigen Sälen.

Teilansicht des Ramesseums in Theben

Die sechste Taube: Stockschläge für den Frieden

Hoffentlich erreicht die Taube mit den schwarzen Flecken ihren Heimatschlag hinter dem Tempel des Wettergottes! Die lange Zeit im Käfig hat ihre Flügel geschwächt. Doch sie hat durch gutes Körnerfutter reichlich Fett angesetzt. Sie und die zärtliche Blaue sind die letzten, die ich bei mir habe.

Wir waren wieder am Kai von Piramesse angekommen. Dort betraten zwei Soldaten das Schiff. Sie führten mich vom Schiff hinunter zu einem niedrigen Ziegelgebäude.

Nun erhielt ich die 20 Stockschläge. Ein Schreiber stand dabei und machte nach

jedem fünften Schlag einen Strich auf seine Papyrusliste. Danach brachten mich die Soldaten zu Samuts Haus, wo ich mich umkleidete und badete. Samut begrüßte mich sehr freundlich und führte mich in die Empfangshalle, wo wir zusammen aßen. Vor dem Haus wartete ein Wagen mit einem Wagenlenker. Wir stiegen auf und schon ging es zum Palast des Pharaos. Mir war nicht ganz klar, was dort genau stattfinden würde.
„Die Verhandlungen sind abgeschlossen", erklärte mir Samut, als wir am Portal ankamen und vom Wagen stiegen.
Durch die Säulengänge kamen wir an den Wachen und Leibwächtern vorbei, bis wir vor dem großen Audienzsaal angekommen waren. Dort warteten mehrere Hethiter und Ägypter, alle in Festkleidung mit Goldspangen und Brustschmuck.
Tili war da und strahlte mich an. Neben ihm standen Japusili, der Gesandte von Karkamesch, und die ägyptischen Schreiber. Und ich konnte es kaum fassen – mein Cousin hielt die silbernen Tafeln in der Hand.
Ein Trompetenstoß kündigte an, dass wir in den Saal eintreten durften. Der Boden war mit glitzernden Goldplättchen verziert. Langsam in gebückter Haltung näherten wir uns dem vorderen Teil des Raums, vor dem ein goldener Vorhang den Blick auf den Pharao verdeckte.
Wir warfen uns zu Boden, und erst als wir alle auf der Erde lagen, schwenkte der Vorhang langsam auf. Wir vermieden es, den Pharao anzustarren, und sahen doch alles ganz genau. Hoch aufgerichtet saß Usermaatre Setepenre auf dem mit Gold be-

schlagenen, in tausend Farben glitzernden Thron. Der Thron war verziert mit Halbedelsteinen in Rot, Lapislazuliblau und Türkis. Der Pharao trug die blaue Chepreschkrone* mit der weißen Feder. Zu seiner Rechten stand Amunherchepeschef, zu seiner Linken der Wesir Paser, hinter ihnen warteten die Priester der Tempel und weitere Würdenträger mit den Wedeln in der Hand.

Tili erhob sich und ich ebenfalls. Zusammen trugen wir die beiden silbernen Tafeln.

„Lest vor und sprecht", befahl Ramses.

Abwechselnd lasen wir den endgültigen Text vor, ohne den Pharao anzusehen. Samut übersetzte nach jedem Absatz mit lauter Stimme ins Ägyptische.

„Was ist in der Mitte der Silbertafel?", fragte Ramses.

Ich antwortete: „Auf der Vorderseite als Relief das Bildnis des Gottes Seth, der das Bild des Königs von Hatti umarmt, umgeben von einer Inschrift: ‚Das Siegel von Seth, dem Herrscher des Himmels, das Siegel des Vertrags, gemacht von Hattuschili, dem großen Fürsten von Hatti, dem mächtigen Sohn von Murschili.'"

„Und auf der anderen Seite?"

„Eine Darstellung mit dem Bild der Göttin von Hatti, die das Bild der Fürstin von Hatti umarmt, umgeben von einer Randinschrift mit dem Wortlaut: Das Siegel der Sonnengöttin der Stadt Arinna, der Herrin des Landes; das Siegel der Puduhepa, der Fürstin des Landes Hatti ..."

Stille trat ein, als wir den ganzen Text verlesen hatten.

Plötzlich hörte ich ein furchtbares Donnergrollen dicht an meiner Seite. Mit geöffnetem Maul stand der Löwe von damals neben mir, riesig und bedrohlich.
„Komm näher, Schubili!", rief der Pharao mit seiner durchdringenden Stimme. Ich erhob mich etwas und kroch näher zu ihm.
„Beantworte meine Frage, gelehrter Schreiber. Wie ist die Schlacht von Kadesch ausgegangen?"
Ich zögerte, ehe ich antwortete. Der Löwe legte sich vor dem Thron nieder und senkte den breiten Kopf auf die Pfoten.
„Mit einem gewaltigen Sieg", sagte ich. „Dem größten Sieg, den es gibt: Zwei Königreiche haben sich verbrüdert. Nie wieder wird Feindschaft und Krieg zwischen ihnen sein."
Beeil dich, du schöne Schwarzgefleckte. Bring dem Wettergott die gute Nachricht!

Der Friedensvertrag

Im Jahr 1259 v. Chr. kamen zwei Boten aus Hattuscha nach Piramesse. Diese beiden königlichen Boten namens Tili-Teschub und Ramose trugen einen Vertragstext auf Silbertafeln bei sich. Im 21. Herrschaftsjahr des Ramses wurde der Friedensvertrag geschlossen. Der Text für die Silbertafeln war in Hattuscha mit Beteiligung ägyptischer Experten entstanden. Der Vertragstext wurde in Ägypten auf Steinstelen gemeißelt, die im Tempel von Karnak und im Ramesseum aufgestellt wurden. Die Silbertafeln wurden in Ägypten im Heiligtum des Sonnengottes Re-Harachte von Heliopolis niedergelegt und im Hethiterland im Tempel der Sonnengöttin von Arinna in der Nähe von Hattuscha.
Der Vertrag beginnt mit dem Datum, dem 21. Jahr des Ramses und dem 21. Tag des ersten Monats der Zeit der Saat, dem 21. November 1259 v. Chr., und einem Lobpreis des Pharaos. Dann folgen die Namen der Boten, die vom Pharao „Frieden erbitten“ wollten. Hattuschili hatte den ersten Schritt getan. „Guter Frieden“ und „gute Brüderschaft“ zwischen den beiden Königen soll nun entstehen.
Der dritte Paragraf legt fest, dass auch die Nachkommen der beiden Herrscher verbrüdert sein sollen. In weiteren Paragrafen wird geregelt, einander nicht anzugreifen und sich gegenseitig militärisch und wirtschaftlich zu unterstützen.
Im zehnten Abschnitt verpflichtet sich Ramses, die Thronfolge des hethitischen Thronfolgers zu garantieren. Ab-

schließend geht es um die Auslieferung und Behandlung von Flüchtlingen aus den jeweiligen Herrschaftsgebieten. Für sie alle wird Straffreiheit verkündet. Sowohl „Große" wie „Menschen, die man nicht kennt" durften weder getötet noch „an Augen, Ohren, Mund oder Füßen verstümmelt werden" und ihre Häuser sollten nicht zerstört werden. Am Ende stehen die Namen der Eidgötter sowie Verfluchungs- und Segensformeln. Man bemühte sich, keinen Gott auszulassen. Die „tausend Gottheiten" der Länder Hatti und Ägypten, sowohl die weiblichen als auch die männlichen, werden aufgerufen. Dann werden die Siegel Hattuschilis und seiner Gemahlin Puduhepa beschrieben.

Keilschriftfragment mit dem Text des Friedensvertrags zwischen Ramses II. und Hattuschili III.

Abschließend wollte Ramses Hattuschili persönlich treffen und ihm zu diesem Zweck bis ins Land der Kanaäer entgegenkommen, doch dieses Treffen fand wohl niemals statt, da Hattuschili krank war. Aber genau weiß man es nicht. Möglicherweise sind sie sich doch einmal persönlich begegnet, wie es das Bild auf einer Hochzeitsstele darstellt. Es wäre ein Besuch gewesen, an dem Ramses viel lag:

Die Krönung des Friedensvertrags trat zehn Jahre nach dem Abschluss ein. Nach dem Tod Nefertaris bat Ramses König Hattuschili um die Hand seiner Tochter. Lange Verhandlungen folgten. Hattuschili und Puduhepa handelten die besten Bedingungen für ihre Tochter aus. Die Hethiterin wurde nach Ägypten geschickt, begleitet von ihrem Bruder, dem Kronprinzen, wo sie die Große Königsgemahlin des Ramses wurde. Sie erhielt den ägyptischen Namen Maathorneferure. Aus dieser Eheschließung ging eine Tochter, Neferure, hervor. Über ihr weiteres Leben ist nichts bekannt. Doch zehn Jahre später kam noch eine Tochter Hattuschilis in den Harem* des Ramses.

Die guten Beziehungen zwischen beiden Reichen setzten sich unter den Nachfolgern in Ägypten, Merenptah, und dem Hethiterland, Tutchalija IV., fort.

Die Silbertafeln des Vertrags wurden nie gefunden. In Hattuscha aber gruben die Archäologen im Jahr 1906 eine Tontafel mit dem Text des Vertrags in babylonischer Sprache aus. Heute liegt sie im Archäologischen Museum von Istanbul. Eine Kopie ist im Gebäude der UNO in New York ausgestellt.

Die siebte Taube: ein Geschenk für Nefermerit

Nach der Audienz bei Ramses wurde ein großes Fest in ganz Piramesse gefeiert. Auf den Straßen und vor dem Palast tanzten die Menschen. Es wurde gesungen und gelacht. Ströme von Wein und Bier flossen. Nur kurz gingen wir am frühen Morgen in das Haus des Schreibers Samut, um etwas zu schlafen. Inzwischen beluden die Diener bereits wieder die Rücken der Esel. Nach einem schnellen Frühstück ging es zum Hafen.
Von meinen sieben Brieftauben war jetzt nur noch die zärtliche Blaue im Käfig. Mit dem Schnabel strählte sie ihre Federn und sah mich aufmerksam an. Die Katze hatte sie nicht erwischt. Doch ich ließ sie nicht fliegen.
Da standen wir also wieder am Kai von Piramesse. Unsere Esel waren hoch beladen mit Papyrusrollen, Gewürzen, Getreide-

säcken und Schmuck und Gold für den König und die Königin von Hattuscha. Auch Medizin hatte man uns für das Schatzhaus des Wettergottes geschenkt und Weihrauch und Myrrhe. Mein Rücken schmerzte grausam von den Stockschlägen, doch ich war zufrieden. Prügel für den Frieden sind in Ordnung. Besser, ein Schreiber wird geprügelt, als dass die Heere zweier Länder gegeneinander kämpfen.

„Nun geht es also zurück in euer Land, Elende", verabschiedete uns Samut.

„Dank dir für deine Gastfreundschaft, Edler von Ägypten", sagten Tili und ich wie aus einem Munde.

„Ihr habt hier viel gelernt und gesehen und konntet euch jeden Tag satt essen." Samut malte noch einmal aus, wie gut wir es in Ägypten gehabt hatten. „Sogar eure Esel und Diener haben Feste gefeiert, gelacht und getrunken!"

„Wahre Worte sprichst du, Schreiber des Königs!", riefen wir und verbeugten uns aufs Neue.

„Sieh mal, da kommt die Spionin", flüsterte Tili mir zu. Er konnte immer noch nicht verwinden, dass die schöne Hofdame mir ihre Gunst zugewandt hatte.

Nefermerit trat zu uns, einen Parfümkegel auf dem glänzenden schwarzen Lockenhaar und einen mit einem Tuch verhüllten Korb in der Hand. Sie näherte sich mir. Ich sah, dass sie traurig war. Unsere Nasen berührten sich zärtlich.

„Ach, mein Ramose", sagte sie leise. „Ich werde dich nicht vergessen."

Ihre Nase streichelte mein Sonnenhaar.
„Sie ist für dich.“ Ich drückte ihr den Käfig mit der zärtlichen Blauen in den Arm. „Du weißt ja, dass sie mir deine Botschaft nach Hattuscha bringen wird. Steck ihr ein zusammengerolltes Papyrusstück zwischen die Rückenfedern, befestige es mit einem feinen Faden, wenn du mir etwas Wichtiges mitzuteilen hast.“
Lächelnd sah sie mich an und überlegte.
„Für dich habe ich Meritre mitgebracht. Sie wird dein Haus in Hattuscha von Mäusen frei halten“, sagte sie nach einer Weile.
Ich konnte es nicht fassen. Eine Miu für mich!
„Sie wird der Stolz meines Hauses sein“, versicherte ich.
So trennten wir uns unter vielen Tränen voneinander.
Die Nachricht der siebten Taube war nicht für den Wettergott bestimmt.

Heilige Katzen und der Tierkult in Ägypten

Die Verehrung heiliger Tiere in Ägypten geht auf die Frühzeit vor den Königen zurück, als jedes Dorf einen eigenen Gott und ein eigenes Totemtier hatte. Von daher verehrte auch später noch jeder Ort eine Schutzgottheit in Gestalt eines heiligen Tiers. Dieses Tier – Rind, Widder, Katze, Affe oder Fisch – durfte an seinem Ort nicht verzehrt werden. Ein Exemplar wurde im Tempel gehalten und verehrt.

Die Ägypter liebten Tiere. Die, die sie für heilig hielten, mumifizierten sie. Die Tiere wurden jedoch nicht als eigentliche Götter angesehen, sondern als deren irdische Erscheinung. Dies galt manchmal für eine ganze Tierart: Alle Katzen verkörperten die Fruchtbarkeitsgöttin Bastet, alle Ibisse und Paviane den weisen Schriftgott Thot, alle Falken den Himmelsgott Horus.

Beim Tod einer Hauskatze rasierten sich die Besitzer zum Zeichen der Trauer die Augenbrauen.

Beim Kult der Apis-Stiere verkörperte ein bestimmter Stier den Gott Ptah. Dieses Tier hatte schon bei der Geburt bestimmte körperliche Merkmale. Mit sei-

Bastet-Statue

ner ebenfalls verehrten Mutter wurde es verwöhnt und gepflegt und schließlich wie ein Pharao in einem großen Steinsarkophag bestattet.
Besonders fürchteten die Ägypter Krokodile und Schlangen. In ganz Ägypten wurde deshalb der Krokodilgott Sobek verehrt. In der Stadt Krokodilopolis und in einigen anderen Städten hielt man ein heiliges Krokodil. Es war gezähmt, man konnte es anfassen. Es trug Schmuck aus Stein und Gold und an den Vorderfüßen Armbänder. Die Priester reichten ihm Leckerbissen. Nach seinem Tod wurde es einbalsamiert und in einem Prunkgrab bestattet. In anderen Gegenden dagegen wurden Krokodile verspeist.
Den Giftschlangen wurden Opfer gebracht und Denksteine gewidmet.

Schlusswort des Schubili für die Nachgeborenen

Zwei Jahre waren seit dem Friedenschluss zwischen den Ländern Hatti und Ägypten vergangen. König Hattuschili und König Ramses waren nun zu Brüdern geworden. Friede und Brüderschaft herrschten zwischen uns. Wagen voll mit ägyptischem Getreide trafen in Hattuscha ein und mit ihnen Boten des Pharaos mit herrlichen Geschenken und Briefen für König Hattuschili und Königin Puduhepa.

Auch eine Frau war unter ihnen – Nefermerit. Mit zwei Dienern und drei Katzen erwartete sie mich vor dem Tempel des Wettergottes. Die Truhen mit ihrer Kleidung und ihren Perücken und eine Holzstatue des Krokodilgottes standen aufgetürmt hinter ihr. Sie hatte erstaunlich viel Gepäck mitgebracht, viel mehr als für einen kurzen Besuch.

„Der blauen Taube geht es gut", begrüßte sie mich und zeigte auf einen Käfig aus Papyrusrohr.

„Weshalb bist du gekommen?" Meine Stimme zitterte. „Sicher bringst du wichtige Nachrichten der Großen Königsgemahlin."

„Ich will bei dir in Hattuscha bleiben, Bruder", sagte sie auf Hethitisch. „Du hast dich prügeln lassen für den Frieden. Das hat mir gefallen."

Ihre Nase streifte mein Haar. Da wurde mir klar, dass wirklich Frieden war zwischen den beiden Ländern.

„Schöne Worte sprichst du, Schwester“, antwortete ich auf Ägyptisch und reichte ihr die Hand.
Bald darauf wurde im Tempel des Wettergottes Feinöl über ihr Haupt gegossen und seitdem leben wir als Ehepaar.
Der Krokodilgott hat seinen Platz im Garten vor dem Haus gefunden. Nefermerit wurde eine Vertraute der Königin Puduhepa, der sie ägyptische Lieder vorsang. Sie unterrichtete die Töchter der königlichen Familie. Sie lehrte sie, Hieroglyphen zu schreiben und ägyptische Lieder zu singen.
Briefe und Geschenke wanderten seitdem zwischen den Höfen hin und her. Aus Hatti wurden Schafe, Pferde und Streitwagenlenker nach Piramesse geschickt, aus Ägypten Ärzte, Medizin, Getreide, Gewänder und Stoffe, Goldschmuck und Perlen nach Hattuscha.
Große Freude herrschte im ganzen Lande Hatti. Vieles wurde besser durch den Frieden zwischen den Ländern. Die Menschen bei uns wurden gesünder und hatten mehr zu essen.
So kam es, dass Nefermerit und ich zehn Jahre nach dem Vertragsschluss Schauskanu, die älteste Tochter unseres Königs, nach Ägypten begleiten durften. Ein großes Gefolge und Rin-

der- und Schafsherden zogen mit uns. Ramses reiste uns entgegen, um uns alle abzuholen. In Piramesse wurde die Prinzessin von Hatti Ramses' Große Königsgemahlin. Die freundliche Naptera nämlich war zum Kummer des ganzen Landes verstorben. Jetzt aber flossen Ströme von süßem Wein und dunklem Bier. Berge von Brot wurden verzehrt. Musik erklang. Noch nie hatte ich so viele Menschen tanzen gesehen. Sogar Samut tanzte durch die Straßen der Hauptstadt. Urchi-Teschub lebte immer noch am Hof. Doch wir trugen uns nichts nach und tranken zusammen Bier, froh über die guten Zeiten. Meine Eifersucht und deren schreckliche Auswirkungen hatte er mir verziehen.

Schauskanu erhielt einen ägyptischen Namen, Maathorneferure. Bald nach der Hochzeit der beiden wurde die kleine Tochter Neferure geboren.

Der Sonnengott hat dies zusammen mit dem Wettergott veranlasst. Die Götter Ägyptens und die Götter von Hatti haben dafür gesorgt, dass diese Heirat stattfand, um die zwei großen Länder auf ewig zu einem einzigen Land werden zu lassen.
Nefermerit und ich kehrten zurück in das Land Hatti, weil wir unsere Kinder nicht zu lange bei der Familie meines Cousins Tili-Teschub lassen wollten. Der Pharao ließ uns durch den Schreiber Samut einen Spielaffen für sie überreichen.
„Höre, Schubili, Bruder“, sagte der Schreiber des Pharaos und drückte meinen Arm. „Überaus gut ist der Frieden. Versöhnung ist keine Schande.“
„So ist es, Samut, Bruder“, bestätigte ich.
30 Tage später waren wir zurück in Hattuscha. Diesmal reisten wir auf leichten Wagen, immer noch die schnellste und sicherste Art, sich von Piramesse nach Hattuscha zu bewegen. Unsere kleine Manzanna und der siebenjährige Ramose freuten sich riesig über den Spielaffen.

Die Ramessiden

Auch wenn Ramses II. seine Feldzüge weniger großsprecherisch den Zeitgenossen und der Nachwelt auf den Tempelwänden mitgeteilt hätte, wäre er in die Geschichtsbücher späterer Zeiten eingezogen. Die Jahrzehnte seiner Regierungszeit waren die Blütezeit Altägyptens. Ramses der Große ging als der Pharao der Rekorde in die Geschichte ein – die längste Regierungszeit, die meisten Bauwerke, die größten Statuen. Im Ägypten seiner Zeit herrschten Wohlstand und Frieden. Literatur, Baukunst und die anderen Künste erreichten einen Höchststand. Ramses II. wurde zum unerreichten Vorbild und Idol seiner Nachfolger.
Der über 60-jährige Merenptah wurde nach dem Tod seines Vaters zum Pharao gekrönt. Zu bauen war nicht mehr viel. Merenptah begnügte sich damit, einen Tempel für Ptah in Memphis zu errichten und seinen eigenen Totentempel in Theben. Nach Merenptah kam es zum Bürgerkrieg in Oberägypten.
Ein glühender Verehrer seines großen Vorgängers mit dem gleichen Namen war Ramses III. (reg. 1187–1156 v. Chr.). Er ging so weit, dass er seine Söhne der Reihe nach mit den gleichen Namen wie die Söhne Ramses' II. benannte: den erstgeborenen Kronprinz Amunherchepeschef, ferner Pareherwenemef, Sethherchepeschef, Ramses und Chaemwese. Sein Totentempel in Medinet Habu ist eine Kopie des Ramesseums. Er selbst war ein fähiger Herrscher.
Unter ihm kam es zum großen Angriff der Seevölker und

Libyer, den Ramses III. jedoch erfolgreich abwehrte. Das Hethiterrreich war unter den Angriffen der Seevölker bereits zerfallen. Zu Wasser und zu Lande zogen verschiedene Volksgruppen die phönizische Küste entlang nach Ägypten, während vom Westen her die Libyer Ägypten in die Zange nahmen. Nach dem Sieg wurde der Tempel Medinet Habu aus der Beute zur Festung ausgebaut.
Ramses III. fiel einer Palastintrige zum Opfer. Die Bedrohung an den Grenzen blieb weiter bestehen. Die Philister setzten sich in Gaza und Ashdod fest. Handel und Tributzahlungen kamen zum Erliegen.

Ramses III. mit der Göttin Hathor/Isis

Der wirtschaftliche Niedergang Ägyptens war nicht mehr aufzuhalten. Immer neue Söldnertruppen mussten versorgt werden, doch zugleich ließen die Golderträge Nubiens nach. Immer öfter fiel die Versorgung der Arbeiterschaft in Theben aus. Es kam zu Streiks und Aufständen.
Nachfolger des dritten Ramses wurde sein Sohn Ramses IV. Insgesamt hießen neun Könige der 20. Dynastie „Ramses" – so groß war die Sehnsucht nach den „goldenen Zeiten" unter Ramses II. Der letzte war Ramses XI. (reg. 1105–1076/70 v. Chr.), während dessen Regierungszeit Hungersnöte, Bürgerkrieg und soziale Unruhen das Land verheerten. Es kam zu einem Krieg gegen die Amun-Priesterschaft und zu Plünderungen der Königsgräber.
Ramses II. prägte die Geschicke und das Aussehen Ägyptens durch seine Friedenspolitik und seine starke Persönlichkeit. Heute noch sehen Ägyptentouristen vor allem Tempel, Statuen und Hinterlassenschaften aus seiner fast 70-jährigen Regierungszeit. Dass er überhaupt so lange regierte, ist auch die Folge seiner weitsichtigen Politik: Er glich innere und äußere Unruhen aus. Aus der Niederlage einen „Sieg" zu machen, war der Grundsatz aller Pharaonen. Die Geschichte des Friedensvertrags zeigt aber, wie intensiv Ramses und die Hethiter für diesen Frieden arbeiteten. Beide Seiten machten Zugeständnisse und gewannen gleichermaßen auf lange Sicht. Das Ergebnis war der friedliche Austausch zweier Völker.

Zeugen und Zeugnisse für eine ferne Zeit

Aus den Baudenkmälern des Ramses und den Gräbern seiner Zeit konnte die Forschung viele Einzelheiten über Leben und Politik dieser Zeit ergründen. Die Tempelinschriften und die Darstellungen an den Wänden sind hochoffizielle Zeugnisse direkt aus der Regierungszeit des Ramses – seine Sicht der Ereignisse, Propaganda eines Pharaos. Daneben sind sehr viele Papyri aus dem 13. und 12. Jahrhundert v. Chr. erhalten: Erzählungen, Streitschriften, Urkunden, Briefe, Listen von Arbeiten und Arbeitern, Verträge, Testamente. Aber auch Liebesgedichte, Gebete und Festgesänge – die andere Seite des damaligen Ägyptens, der Alltag der kleinen Leute mit ihren Sorgen und Nöten. Hinzu kommen die „Notizscherben" mit Kritzeleien, Briefen und kaufmännischen Absprachen aus einzelnen Siedlungen. Am berühmtesten sind die aus Deir el Medineh hinter dem Tal der Könige.
Ramses der Große war schon in den Jahrhunderten nach seinem Tod der berühmteste Pharao Ägyptens. Über ihn und seinen gelehrten Sohn Chaemwese verbreiteten sich Märchen und Geschichten. Schließlich haben uns Schriftsteller aus griechischer und römischer Zeit wichtige Einzelheiten überliefert. Herodot, „der Vater der Geschichtsschreibung", bereiste in der Mitte des 5. Jahrhunderts v. Chr. Ägypten und unterhielt sich mit den Priestern der damaligen Tempel am Nil. Auch der griechische Geschichtsschreiber Diodor (1. Jahrhundert v. Chr.) hielt sich länger

in Ägypten auf. Die alten Griechen kannten Ramses unter seinem Thronnamen Usermaatre als Pharao „Osymandros". Schon im 15. und 16. Jahrhundert gab es Versuche, die Hieroglyphen zu entschlüsseln. Im 18. Jahrhundert reisten der Brite Richard Pococke und der Franzose Claude Sicard durch das Land der Pharaonen.

Mit den Truppen Napoleon Bonapartes kam 1798 ein ganzes Team von Wissenschaftlern nach Ägypten. Die Ergebnisse dieser Expedition wurden zwischen 1809 und 1822 in Paris veröffentlicht.

Dem Abenteurer Giovanni Battista Belzoni (1778–1832) gelang es, den oberen Teil einer Kolossalstatue Ramses II. aus dessen Totentempel in Theben West nach London zu bringen. Vor allem aber entdeckte er im Tal der Könige das Grab von Ramses' Vater, Sethos I.

Der Franzose Jean-Francois Champollion (1790–1823) konnte mithilfe eines dreisprachigen Gesetzsteins von Ptolemaios V. aus dem Jahr 196 v. Chr („Rosettastein") die ersten Hieroglyphen entschlüsseln. Dieser geniale Forscher reiste im Jahr 1828 durch das ganze Land und kopierte überall die erhaltenen Texte, die er vorfand. Dies war der Beginn des neuen Faches Ägyptologie.

1904 wurde im Tal der Königinnen das Grab der Nefertari, Ramses' Großer Königsgemahlin, aufgefunden. Vor einiger Zeit wurde es aufwendig restauriert und 1995 wieder teilweise für Besucher zugänglich gemacht.

1871 entdeckte der Ägypter Abd ar Rasul südlich des Tales Deir el-Bahari auf der Suche nach antiken Schätzen eine Grabkammer voll aufgestapelter Königssärge mit Mumien.

Der Stein von Rosetta

Die Archäologen, die davon Wind bekamen, erkannten, dass es sich um eine nachträgliche Bestattung zahlreicher Pharaonen, darunter Ramses II. und III. und Sethos I. in einem Versteck, der Cachette, handelte, um die toten Könige vor dem Zugriff damaliger Grabräuber während der 21. Dynastie zu schützen. An diesem Platz konnten die Mumien immerhin fast 3.000 Jahre unangetastet ruhen.

Glossar

Abydos	*königliche Kultanlagen von der 12. bis zur 26. Dynastie. Tempel von Sethos I. und einer von Ramses II.*
Akkadisch	*altorientalische Sprache, wurde von den Hethitern im diplomatischen Verkehr benutzt*
Amun, Amun-Re	*Der menschengestaltige Gott mit der hohen Federkrone war der Hauptgott von Theben. Sein wichtigstes Heiligtum befand sich in Karnak.*
Amurru	*Gebiet in Mittelsyrien, wo ein Vasall des Hethiterkönigs regierte*
Apis	*Dieser Stiergott war ein Gott der Fruchtbarkeit, er galt als Erscheinungsform des Ptah. Hauptkultort war Memphis.*
Aton	*die Sonnenscheibe, Erscheinungsform des Sonnengottes Amun bzw. Re. Unter Pharao Echnaton wurde er zum alleinigen Sonnengott erklärt mit dem Hauptkultort Achet-Aton (heute Amarna).*
Byblos-Schiff	*seetaugliches syrisches Schiff. Die Ägypter bauten nur Flussschiffe.*
Chepreschkrone	*eine Art Kriegshelm des Pharaos, blau mit goldenen Verzierungen*
Diplomaten	*Am Hof des Ramses war ein Kommen und Gehen von ausländischen Gesandten, die mit Botschaften und Geschenken kamen und ebensolche aus der Hand des Pharaos in ihre Heimat brachten. Briefe zwischen den Regierungen wurden in Keilschrift und in akkadischer Sprache verfasst. In den Archiven der Hauptstädte wurden sie bewahrt und in Amarna, Ugarit in Phönikien und*

Hattuscha entdeckt. Meist ging es um Geschenke, Heiraten und politische Zugeständnisse. Man drohte oder schickte Gold und Getreide. Ständig waren Boten unterwegs. Auch die Königinnen standen untereinander in Briefwechsel, wie Ramses' Hauptgemahlin Nefertari und die hethitische First Lady Puduhepa. Wichtige Nachrichten wurden damals durch Brieftauben von Stadt zu Stadt übermittelt.

Erscheinungsfenster — *weit offenes Fenster am Tempel oder Königspalast, wo sich der Gott oder der König mit Familie dem Volk zeigte*

Fayum, Fayyum — *eine ausgedehnte Oase hinter Memphis in der Wüste. Die niedrig gelegene Landschaft bezog ihr Wasser vom Nil und war ursprünglich voller Sümpfe. Nachdem diese im Mittleren Reich trockengelegt waren, wurde das Land landwirtschaftlich genutzt und versorgte Memphis mit Gemüse, Obst, Fleisch und Milchprodukten. Auch Städte, Friedhöfe und Tempel entstanden.*

Fremdländer — *die Länder außerhalb Ägyptens*

Harem — *missverständlicher Ausdruck der Ägyptologen für den Frauenpalast des Pharaos. Die Frauen konnten sich frei bewegen und waren nicht eingesperrt.*

Hathor — *Muttergöttin, Mutter bzw. Gemahlin des Horus. Liebes- und Himmelsgöttin. Da man im Nildelta den Himmel für eine riesige Kuh hielt, stellte man sie kuhköpfig mit der Sonnenscheibe dar.*

Hieroglyphen — *Bereits um 3500 v. Chr. existierte die „Schrift der Gottesworte", wie die Ägypter ihre Schrift nannten. Sie blieb auf das Land Ägypten beschränkt,* *da sie zu umständlich war. Eigentlich war sie für die Beschriftung von Tempelwänden gedacht und wurde ursprünglich farbig geschrieben.*

Hohepriester | *eigentlich „erster Gottesdiener“, Leiter der Priesterschaft eines Tempels. Er vertrat den König im Gottesdienst.*

Horus | *Horus („der Ferne“) stellten die Ägypter als Falken dar. Schutzgott des Königs, gilt als Vater des jeweiligen Königs, deshalb nimmt der Pharao bei der Thronbesteigung auch den Horusnamen an.*

Keilschrift | *ca. 3500 v. Chr. im Reich Sumer in Mesopotamien entstanden. Von ca. 3000 bis 400 v. Chr. für verschiedene Sprachen von mehreren Völkern verwendet. Mit einem stumpfen Holz- oder Rohrgriffel wurden Keile in weichen Ton gedrückt, der danach trocknete oder gebrannt wurde. Auch Ägypten benutzte diese Schrift und die akkadische Sprache für diplomatische Schreiben.*

Lebenshaus | *die Büros der Tempelschreiber, die dort heilige Schriften kopierten. Möglicherweise war im Lebenshaus auch eine Art Standesamt.*

Maat | *göttliche Ordnung. Hauptaufgabe jedes Pharaos war, die Maat zu bewahren. Die Göttin Maat galt als Gefährtin des Sonnengottes. Dargestellt wird sie mit einer Feder auf dem Kopf.*

Medizin | *Ägyptische Ärzte und ägyptische Medizin genossen bei den Nachbarvölkern Ägyptens höchstes Ansehen. Es gab Spezialärzte für Augen, einzelne Organe, Frauenheilkundler und medizinische Handbücher. Ständig wurden ägyptische Ärzte an die Höfe von Hattuscha und Babylonien „aus-*

geliehen". Kleinere Fürsten reisten zur Behandlung nach Ägypten. Besonders rückständig war die Heilkunde im Hethiterreich. Der Hethiterkönig Muwatalli hielt einen babylonischen Arzt mit Gewalt an seinem Hof fest. Sein Nachfolger Hattuschili umschmeichelte denselben Mann und verheiratete ihn mit einer Verwandten. Von Ramses erbat er immer wieder Ärzte und Medizin für seine kranken Augen und brennenden Füße. Schließlich schickte Ramses ihm den Arzt Leja gegen einen „Krankheitsdämon". Auch für seine Schwester erbat der Hethiter medizinische Hilfe.

Mitanni | *Staat und Großmacht in Nordsyrien*

Memphis | *schon ca. 3000 v. Chr. die erste Landeshauptstadt Ägyptens. Vom großen Ptah-Tempel ist heute nur noch wenig zu sehen.*

Month | *Kriegsgott, mit Falkenkopf und Sonnenscheibe dargestellt*

Mut | *Himmelsgöttin*

Namenskartusche, Kartuschenring | *„Das, was die Sonne umkreist", bezeichneten die Ägypter die Welt, dargestellt als Seilschleife mit einem Knoten. Da nach Meinung der Ägypter die ganze Welt dem Pharao untertan war, umrahmten sie seinen Namen mit einer Kartusche. Den Kartuschenring legte man um den Thronnamen und den Geburtsnamen des Königs.*

Natron | *gehörte zu den Bodenschätzen Ägyptens. Man brauchte es zum Konservieren der Mumien und zur Reinigung und Räucherung im Tempelkult.*

Nekropole | *Totenstadt*

Nubien | *goldreiches Land an der Südgrenze Ägyptens. Nubier dienten in Ägypten oft als Polizisten.*

Obelisk | *Steinpfeiler, bis zu 30 Meter hoch, meist aus einem einzigen Stück Granit gehauen*

Osiris | *Königs- und Totengott. Von seinem Bruder Seth ermordet und zerstückelt. Herrscht weiterhin im Totenreich, während sein Sohn Horus ihn rächt.*

Papyrus | *Das Wort „Papier“ kommt vom griechischen papyros, abgeleitet vom ägyptischen pa-puro („der Königliche“), denn die Herstellung des Schreibmaterials aus Papyrus war königliches Privileg. Aus dem klebrig faserigen Mark stellte man ein feines helles Schreibmaterial her. Die Blätter konnten zu beliebig langen Rollen zusammengeklebt werden.*

Papyrussäule | *verbreiteter Säulentyp in Ägypten, der entweder ein Bündel von Stängeln oder eine einzelne Papyruspflanze imitiert*

Pharao | *von ägyptisch pir-o, „großes Haus“, Palast, abgeleitete Bezeichnung für den ägyptischen König*

Ptah | *Hauptgott von Memphis. Schöpfergott und Schutzgott der Könige. Er galt auch als Erfinder der Künste und Handwerke.*

Pylon | *Monumentaltor eines ägyptischen Palasts oder Tempels*

Re | *Sonnengott, der in einer Barke über den Tageshimmel segelt. In der Nacht fährt er mit der Abendbarke und bringt den Toten Licht und Ordnung. Seit der 4. Dynastie nennen sich die Könige „Söhne des Re“, später „Bild des Re“.*

Re-Harachte | *die aufgehende Sonne*

Schreiber | *einer der angesehensten Berufe Ägyptens. Die Schreiber waren von der Steuer befreit. Das Er-*

lernen der Hieroglyphenschrift an einer Tempelschule war langwierig und mühsam.

Seth – *Bruder des Osiris, Wüsten- und Wettergott. Hethiter und Ägypter hatten kein Problem mit der Gleichsetzung Seths mit Teschub.*

Skarabäus – *von ägypt. cheprer für den mistfressenden dunklen Käfer. Glücks- und Sonnensymbol. Skarabäen wurden in Ägypten in verschiedenen Materialien so zahlreich hergestellt, dass die Archäologen mit ihrer Hilfe die gefundenen Schichten datieren – was in späteren Zeiten mithilfe von Münzen geschieht.*

Sphinx, Sphingen – *männlicher Löwe mit dem Kopf des Pharaos oder der Sonnengott in Löwengestalt, Schutzwesen vor dem Tempel*

Teschub – *Wettergott, Hauptgott der Hethiter. Viele Personennamen wurden mit „Teschub“ gebildet.*

Theben – *griechischer Name der ägyptischen Stadt Waset. Die Stadt war im Neuen Reich das religiöse Zentrum Ägyptens. Zwischen den Tempeln von Karnak und Luxor lag das Wohngebiet. Obwohl die Könige seit Ramses II. in Piramesse residierten, wurden sie weiterhin auf dem Westufer von Theben bestattet.*

Thot – *Mondgott, als Ibis dargestellt. Herr der Zeit, Rechner der Jahre, Schutzgott der Schreiber*

Udschatauge – *das Auge des Horus, ein beliebtes Amulett der alten Ägypter*

Wesir – *höchster Minister und Würdenträger am Hof, engster Vertrauter des Pharaos. Kam aus dem Stand der Schreiber. Trug ein bodenlanges Gewand als Amtstracht.*

Zeittafel

1351–1334 Amenophis IV./Echnaton regiert.

ca. 1295/3 Der spätere Ramses II. wird als Sohn von Sethos und Tuja geboren.

1292–1290 Ramses I. regiert.

1290–1279 Sethos I. regiert.

1279 Krönung von Ramses II.

1276/5 4. Regierungsjahr; Syrienfeldzug, Amurru unter Fürst Benteschina wird zurückerobert.

1275/4 5. Regierungsjahr; Schlacht von Kadesch; Hethiterkönig Muwatalli und Ramses II. stehen sich gegenüber.

1274/69 Memphis als Regierungssitz wird aufgegeben, Piramesse wird Hauptstadt.

1262/1 18. Regierungsjahr; der vertriebene Hethiterkönig Urchi-Teschub/Murschili III. erhält Asyl in Ägypten.

1260/59 20. Regierungsjahr; Feldzug im Sudan mit 7.000 Gefangenen

1259/58 21. Regierungsjahr; Friedensvertrag zwischen Hattuschili III. und Ramses II.

ab 1258 Briefwechsel zwischen Hattuschili III. und Puduhepa mit Ramses II. und Nefertari

1258/7 Tuja, Ramses' Mutter, stirbt.

1256/5 Die Tempel von Abu Simbel werden eingeweiht.

1255/4 25. Regierungsjahr; Tod Nefertaris

1250/49 Chaemwese wird Hohepriester des Ptah in Memphis.

1246/5 34. Regierungsjahr; Tochter Hattuschilis III. (Maathorneferure) trifft zur Hochzeit in Piramesse ein.

1244/3 Kronprinz Amunherchepeschef stirbt. Neuer Kronprinz wird Ramesse.

ca. 1240 Zweite hethitische Prinzessin wird im Harem des Ramses aufgenommen.

1236/5 44. Regierungsjahr; Kurzfeldzug nach Nubien

1235/4 Tod von Hattuschili III. Tutchalija wird Hethiterkönig.

1225/4 Chaemwese stirbt. Neuer Kronprinz wird Merenptah.

um 1200 Zerstörungen durch die „Seevölker“. Das Hethiterreich geht unter. Hattuscha brennt nieder.

1213 Ramses II. stirbt.

1187–1156 Ramses III. regiert.

1213–1204 Merenptah (13. Sohn des Ramses), Sohn von Isisnofret, regiert.

1105–1076/70 Ramses XI. regiert. Bürgerkrieg, Hungersnot, Grabräuberei und Wirtschaftskrise

1209 Kämpfe gegen die Libyer unter Merenptah

Inhalt – Ramses II. und die Tauben des Friedens

Inhalt – Sachkapitel

Abbildungen

S. 113, 129 akg-images; S. 75, 125 akg-images/Dr. E. Strouhal; S. 45, 61, 76, 87, 107 akg-images/Erich Lessing; S. 25, 43 akg-images/François Guénet; S. 64 akg-images/Suzanne Held; S. 27, 40 Hervé Champollion/akg-images; S. 12 bpk; S. 102 bpk/Ägyptisches Museum und Papyrussammlung, SMB/Jürgen Liepe; S. 118 bpk/Ägyptisches Museum und Papyrussammlung, SMB/Margarete Büsing; S. 105 bpk/Lala Aufsberg; S. 99 bpk | Scala; S. 100 gemeinfrei

FSC
Mix
Produktgruppe aus vorbildlich bewirtschafteten Wäldern, kontrollierten Herkünften und Recyclingholz oder -fasern
Zert.-Nr. SGS-COC-003210
www.fsc.org
© 1996 Forest Stewardship Council

1. Auflage 2010

Coverillustration: Joachim Knappe
Innenillustration: Klaus Puth
Satz: Claudia Böhme auf der Grundlage einer Gestaltung und Typografie von knaus. büro für konzeptionelle und visuelle identitäten, Würzburg
Gesamtherstellung: Westermann Druck Zwickau GmbH
ISBN 978-3-401-06500-7

www.arena-verlag.de

ARENA BIBLIOTHEK DES WISSENS

Lebendige Geschichte

978-3-401-06276-1

978-3-401-06466-6

Auch als Hörbuch bei Arena Audio

978-3-401-06064-4

Eine Auswahl weiterer lieferbarer Titel in der Reihe „Lebendige Geschichte“:

Harald Parigger
Caesar und die Fäden der Macht
Auch als Hörbuch bei Arena Audio
ISBN 978-3-401-05979-2

Maria Regina Kaiser
Karl der Große und der Feldzug der Weisheit
ISBN 978-3-401-06065-1

Harald Parigger
Sebastian und der Wettlauf mit dem Schwarzen Tod
Die Pest überfällt Europa
ISBN 978-3-401-05583-1

Harald Parigger
Fugger und der Duft des Goldes
Die Entstehung des Kapitalismus
ISBN 978-3-401-05992-1

Martin Zimmermann (Hrsg.)
Weltgeschichte in Geschichten
ISBN 978-3-401-06216-7

Harald Parigger
Barbara Schwarz und das Feuer der Willkür – Ein Fall aus der Geschichte der Hexenverfolgungen
Auch als Hörbuch bei Arena Audio
ISBN 978-3-401-06124-5

Arena

Jeder Band:
Klappenbroschur.
www.arena-verlag.de